Thomas Günther

„Wer seine Träume lebt, lebt"

Ein Reisetagebuch über eine Trekkingtour durch

Nepal und Tibet

mit 70 Farbfotos von Thomas Günther

Buchgestaltung: Bärbel Günther

© 2008 Thomas Günther

Herstellung und Verlag: Books on Demand GmbH,

Norderstedt

ISBN 978-3-8334-7419-4

Vorwort

Nach meiner Trekkingtour durch Nepal und Tibet hielt ich für meine Freunde einen Diavortrag. Als ich den Projektor ausgeschaltet hatte, saßen wir noch lange gemütlich zusammen und mir wurden noch viele Fragen zu dieser Reise gestellt. Also erzählte ich meine Erlebnisse und schilderte diese wohl in den buntesten Farben, so wie ich es in meinem Reisetagebuch aufgeschrieben hatte. Meine Freunde waren begeistert und einige davon sagten: "Thomas, das solltest du alles mal aufschreiben!"

„Na gut", gesagt - getan !

Unserer Freundin Iris und unserem Freund Rolli gilt unser Dank für das Korrekturlesen und ihrer Begeisterung für unser Projekt.

Aber meinen besonderen Dank erhält meine Frau Bärbel, die mit mir zusammen geduldig und ausdauernd die ganze Arbeit erledigt hat.

Die mit einem *gekennzeichneten Begriffe sind im Anhang erklärt.

Einleitung

10.19 Uhr. Ich sitze im ICE von Düsseldorf nach Frankfurt.

Die Fahrt geht los.

Der Wunsch, einmal diese Reise zu machen, ist schon sehr alt. Nach unzähligen Büchern, die ich gelesen habe, unter anderem auch das Buch "Sieben Jahre Tibet", und unzähligen Berichten in Zeitschriften und im Fernsehen, reifte so seit ungefähr 20 Jahren der Wunsch in mir: "Tibet, dort möchtest du einmal hin!"

Ja, kaum zu glauben! Nun bin ich dorthin unterwegs.

Vorbereitungen

Lange bevor es eigentlich los ging, begannen meine Vorbereitungen für diese Reise.

Im März 2006 saß ich am PC und surfte durch die Welt des Internet. Ich befand mich auf den Seiten der Reisen durch die weite Welt. Auf einer Seite des Summit Clubs wurde mein Interesse verstärkt. Reisen nach Nepal und Tibet wurden dort angeboten. Ich las mir alle Angebote intensiv durch und blieb bei einem Angebot hängen. Das ist es! Kailash - heiligster Berg der Welt - spannendes Trekking - große Fahrt nach Lhasa. Dauer der Tour: 31 Tage.

Das wäre was, solch eine Reise. Ich könnte mir vorstellen, dass durch einen solch langen Aufenthalt in Nepal und

Tibet genügend Zeit für eine gute Akklimatisation gegeben ist, anders als bei anderen Anbietern, die diese Tour für nur 3 Wochen anbieten. Diese Seiten druckte ich mir sofort aus und eilte zu meiner Frau.

"Das ist unsere nächste Reise, da fahren wir hin!" Mit diesen Worten stürzte ich in die Küche, wo meine Frau Bärbel gerade Kartoffeln schälte. Etwas entgeistert schaute sie auf. "Was ist los?" fragte sie mich. "Ich habe hier unseren nächsten Urlaub in den Händen", sagte ich zu ihr. In Bärbels Augen standen große Fragezeichen.

Sie legte das Kartoffelschälmesser aus der Hand, wischte sich ihre Finger am T-Shirt ab, so wie sie es in Gedanken meistens tut, und ging mit mir ins Wohnzimmer. "Lass mal sehen, was du da hast", sagte sie und nahm mir die Zettel aus der Hand. "Tibet, was soll ich denn da? Ist bestimmt interessant, aber was soll ich in dieser Höhe? Du weißt doch, dass ich mit der Höhe Probleme habe. Ich brauche doch schon auf 2500 m oft einen Schnaps, weil mein Kreislauf diese Höhe ablehnt. Wenn ich mit dir nach Tibet fahre, komme ich ja als Alkoholikerin wieder nach Hause." "Wäre doch eine tolle Reise, ich habe schon so viel über Tibet gelesen, Schatz, das würde dir bestimmt auch gefallen. Das ist eigentlich schon immer ein Traum von mir gewesen, dorthin zu fahren", sagte ich, in der Hoffnung, sie umzustimmen. "Hör mal", sagte Bärbel, "wenn das schon immer ein Traum von dir war, dann ist es ja ein Lebens-Traum!" "Ja, das kann man sagen", antwortete ich. Daraufhin schaute Bärbel mich etwas länger an und sagte in vollem Ernst: "Wenn du solch einen Lebenstraum hast, dann solltest du es auch machen. Worauf wartest du denn? Jünger wirst du nicht, und wenn man solch einen

Traum hat, dann sollte man ihn sich auch erfüllen. Stell' dir mal vor, du sitzt mit 85 Jahren im Schaukelstuhl und sagst: Das hätte ich ja gern mal gemacht... Wäre doch schlecht, oder? Aber wenn du dann da sitzt und daran denken kannst, wie toll diese Reise war, das wäre doch Klasse."

Ich brauchte nicht lange, um mich von diesen Worten überzeugen zu lassen. Allerdings hatte ich ein ungutes Gefühl, denn die Reise war nicht ganz preiswert, und ich sollte mir alleine so etwas gönnen? Aber Bärbel sagte: "Gönne dir diese Reise als Belohnung für die 43 Jahre, die du gearbeitet hast und in denen dein Geld immer der Familie zugute kam. Denke einmal nur an dich. In Gedanken fahre ich mit, und wenn du wieder zurück bist, erzählst du mir alles haarklein".

Meine sämtlichen Skrupel waren verflogen, und in mir begannen schon die ersten Vorbereitungen.

In der Woche nach unserem Gespräch studierte ich die Reiseroute bestimmt fünfzig Mal. Immer wieder las ich mir die Abläufe der einzelnen Tage durch: Ankunft in Kathmandu, Besichtigungen von Palästen, *Pagoden und Tempeln. Trekking von Nepal nach Tibet. Fahrt ins Königreich Guge (Töling und Tsaparang). Umrundung des heiligen Berges Kailash auf dem Pilgerweg Parikrama. Abenteuerliche Fahrt über die endlose Weite des tibetischen Hochlandes. Die goldenen Dächer von Lhasa. Potalapalast und Klosterburgen.

Die Reise ist gebongt - die Reise wird gebucht!

Nach vier Tagen flattern die Reiseunterlagen mit

Broschüren, Ausrüstungsliste und Reisebestätigung ins Haus. Nun kann ich mit den Vorbereitungen starten. Ich beginne mit dem Lauftraining. Schließlich bin ich schon achtundfünfzig und nicht mehr der Jüngste. Ich frage mich, ob überhaupt noch so "olle Lütt" solch eine Reise unternehmen und dafür tauglich sind? Schließlich erreichen wir während dieser Tour ca. 5700 Meter Höhe! Die Ausrüstungsliste wird von mir immer wieder von oben nach unten und von unten nach oben studiert. Was ist von meinen Bergklamotten zu gebrauchen, was muss ich mir neu anschaffen? Angefangen bei den Schuhen. Schuhe sind auf solch einer Trekkingtour das Wichtigste, denn sie müssen mich während der ganzen Zeit tragen und müssen sitzen wie Pantoffeln. Schuhe müssen auch gut eingelaufen sein. Ich besitze zur Zeit zwei Paar Bergschuhe. Das eine Paar ist sehr bequem vom Sitz am Fuß, ist aber mit einer sehr steifen Laufsohle versehen, da es steigeisenfest ist. Das zweite Paar ist bequem wie ein Pantoffel, dementsprechend auch total ausgelatscht. Also, mein Entschluss steht fest: Neue Schuhe müssen her! Und das möglichst schnell, um sie gut einlaufen zu können.

Ab in die Stadt, und gleich sticht mir ein Paar Schuhe in die Augen. Das sind die richtigen, die gefallen mir! Ich kaufe sie und laufe zu Hause den ganzen Tag darin herum. Zuerst denke ich, toll. Aber nach einigen Stunden Rumlaufen im Hause bemerke ich, dass mich etwas am Fuß ganz gewaltig drückt. Ich ziehe den Schuh aus und stelle eine gemeine Druckstelle am Spann des Fußes fest. Mist, denke ich, die kannst du nicht behalten. Habe sie wohl doch wegen der schönen Optik gekauft. Das war ein Fehler.

Also fahre ich am nächsten Tag wieder in die Stadt und die Schuhe werden umgetauscht. Ich suche weiter nach anderen Schuhen und finde auch ein Paar. Sie sehen zwar nicht so spektakulär aus, sind aus Vollleder, sitzen aber schon bei der Anprobe sehr gut. Das sind die richtigen Schuhe für mein Vorhaben! Wieder laufe ich mehrere Stunden mit den neuen Schuhen im Haus herum und stelle fest, das sind sie! Mit den Schuhen kannst du nach Tibet!

Was brauche ich noch? Es müsste noch eine neue Wanderhose her! Die alte hat schon fünfundzwanzig Jahre auf dem Buckel. Schlafsack? Mein alter Schlafsack hat mich auch schon gut zwanzig Jahre begleitet und mich eigentlich immer schön warm gehalten. Aber reicht er auch für Tibet aus? Dort kann es in der Nacht ganz schön kalt werden. Mein alter Schlafsack entspricht auch nicht den Anforderungen der Ausrüstungsliste. Trotzdem beschließe ich, den alten Schlafsack zu behalten. Ich habe ja vor, noch eine Wandertour in die Alpen zu machen, der Kondition wegen. Da werde ich die Wärme meines Schlafsacks noch einmal testen. Sparsam, wie ich nun mal bin, kaufe ich erst nur eine neue Wanderhose. Die übrigen Dinge, die sonst noch gebraucht werden und vom Summit Club als Empfehlung aufgelistet wurden, besitze ich bereits und alles ist noch in einem guten Zustand. Für das Hotel in Kathmandu wird eine Badehose empfohlen. Die muss ich noch haben, denn so etwas weist mein Kleiderschrank nicht vor, da ich immer nur FKK-Urlaub auf Formentera gemacht habe.

Dreimal in der Woche laufe ich nun regelmäßig durch unsere schöne Landschaft hier im Bergischen Land. Ich beginne erst mit Wanderungen von ca. 1,5 Stunden. Langsam steigere ich mich dann im Laufe der nächsten Wochen, so dass ich auf bis zu vier Stunden Laufzeit komme. Auch das Tempo und der Schwierigkeitsgrad der Strecke werden gesteigert. Nun gehe ich nur noch Strecken, die ein ständiges Auf- und Abgehen erfordern. Langsam bin ich fit wie ein Turnschuh.

Nun ist es Ende Juli, und ich plane meine Tour in die Alpen. Die von mir angesprochenen Freunde, mit denen ich schon eine Bergtour gemacht habe, haben aber leider alle keine Zeit. Meine Söhne haben keinen Urlaub, und meine Frau fühlt sich nicht fit genug. Also muss ich alleine los. Bärbel ist davon nicht begeistert. Aber was hilft es? Ich verspreche eine Tour auszusuchen, die ich schon einmal gegangen bin und deren Gegebenheiten ich gut kenne. Ich fahre nach Vent ins Ötztal.

Nach fast acht Stunden Autofahrt komme ich endlich bei durchwachsenem Wetter in Vent an und steige in zweieinhalb Stunden zum Hochjoch Hospiz auf. Am nächsten Tag gehe ich gemütlich in drei Stunden zur Bella Vista (Schöne Aussicht). Leider werde ich drei Stunden vom Regen begleitet.

Am nächsten Tag strahlt die Sonne hell aus einem azurblauen Himmel. Ich steige ab ins Schnalstal bis Kurzrast und gehe auf einem schönen Höhenweg über die Finailhöfe, wo ich eine zweistündige Pause einlege. Weiter geht's...Bis zur Similaun Hütte, etwas über 3000 m Höhe, bin ich fast neun Stunden unterwegs. Es geht mir gut, keinerlei Probleme.

Die neuen Schuhe haben sich schon wie Pantoffeln an meine Füße geschmiegt. Es war ein guter Kauf.

Nach einer guten Nacht, mit Träumen von Tibet ausgefüllt, bin ich morgens schon früh unterwegs, bei traumhaft schönem Wetter. Abstieg zur Martin Busch Hütte, Rucksack deponieren, und Aufsteigen zur Kreuzspitze auf knapp 3500 m Höhe. Das Wetter wird zunehmend schlechter. Es beginnt nun auch leicht zu regnen. Aus dem Regen wird auf 3000 m Höhe dichtes Schneetreiben, und die Sicht ist miserabel oder gleich Null. Was tun? Ich steige noch bis auf 3200 m, stapfe durch den immer tiefer werdenden Schnee. Auf dem Gipfel war ich schon einmal bei traumhaft guter Sicht. Die Kreuzspitze, einer der schönsten Aussichtspunkte im Ötztal, mit ´zig Dreitausendern rundherum, habe ich vor Jahren schon erlebt. Warum soll ich heute, bei solch einem schlechten Wetter, ein Risiko eingehen und weiter hoch gehen? Also beschließe ich umzukehren. Ich steige ab, zurück zur Martin Busch Hütte.

Vor Jahren wäre mir das nicht passiert. Früher war ich leichtsinnig, Umkehren? Auf gar keinen Fall. Ich erinnere mich noch gut an eine Tour mit meinem Freund Detlef. Wir waren unterwegs zum Großglockner. Beim Abstieg von der Adlersruh über das Hoffmanns Ces zur Hoffmanns Hütte bin ich mit Steigeisen ohne Seilsicherung über zwei Meter breite Gletscherspalten gesprungen. Das war wohl sehr leichtsinnig! Heute würde ich sagen: einfach bescheuert! Detlef ist außen herum gegangen. Der war wohl schon ein wenig erwachsener und reifer als ich. Auch ich bin ruhiger geworden und würde so etwas heute auch nicht mehr machen.

Nach einem gemütlichen Hüttenabend und einer guten Nacht bin ich am nächsten Tag wieder früh unterwegs. Beim Abstieg nach Vent lacht mir die Sonne entgegen. Der Weg ist sehr schön, und ich bin rundherum zufrieden. Meine Kondition ist o.k., die Schuhe auch. Was will man mehr?

In Vent beschließe ich noch einige schöne Pässe zu fahren. Das mache ich sehr gern. Also ab Richtung Meran über das Timmelsjoch. Zurück durch den wunderschönen Vinschgau über das Stilfserjoch und dem Reschenpass nach Österreich. Ein Abstecher nach Samnaun muss auch noch drin sein, denn ich würde gerne Parfüm für Bärbel kaufen. Ich bin mir sicher, dass sie sich sehr darüber freuen wird.

Bei einer Nacht in meinem kleinen Zelt und strömendem Regen, muss ich leider feststellen, dass mein Schlafsack nicht mehr so gemütlich ist. Die Nacht wird von Gänsehaut begleitet, so dass ich mir einen Pullover überziehen muss. Temperatur leicht unter Null, morgens Raureif auf dem Zelt. Mein Entschluss steht fest, es muss doch noch ein neuer Schlafsack her.

Wieder gut zu Hause angekommen, bleiben mir nun noch drei Wochen bis zur großen Tour nach Tibet. Inzwischen ist das Visum und eine große Reisetasche mit dem Aufdruck "Summit Club" angekommen, und die letzte Impfung ist ebenfalls abgeschlossen..

Im Haus reserviere ich mir drei Stellen, an denen ich alle Sachen, die ich für die Tour brauche, hinlegen kann. Alles, was mir gerade einfällt, wird schon mal dort deponiert. Ich packe alles nach der Checkliste zusammen. Welches Hemd nehme ich? Welche Pullover? Welche Socken, Unterwäsche...? Es wird ausgesucht und wieder ausgetauscht. So schwer war es für mich noch nie, meine Sachen zusammenzupacken. Wie schwer wird mein Gepäck? Also wiegen. Zu viel, zu schwer! Wieder auspacken, abspecken. Wieder neu packen, abwiegen. Nach dem dritten Mal bin ich bei neunzehn von erlaubten zwanzig Kilo angekommen. Endlich alles bestens für den Beginn der großen Reise, meinen Lebenstraum - Tibet!

3. September 2006 - "Beginn der Reise"

Der ICE ist in knapp zwei Stunden von Düsseldorf nach Frankfurt gesaust. Nun wird mein Traum wahr, ich kann es noch gar nicht so richtig fassen.

Mit der Gepäckkarre turne ich die Rolltreppen im Flughafen hinauf und herunter bis zum Abfertigungsschalter. Einchecken und warten auf den Abflug. Ist schon ein komisches Gefühl, wenn man so alleine unterwegs ist. Die Teilnehmer kennen sich nicht untereinander, und erst in Kathmandu treffen sich alle und lernen sich kennen. Ich kann beim Einchecken vier Reisetaschen vom Summit Club ausmachen. Zuerst komme ich mit Wolf, dann mit Martina und Dirk ins Gespräch. Wir haben alle das gleiche Ziel, die gleiche Reise. Nach einer halben Stunde kommen noch Anita und Hans dazu, erkannt an den Reisetaschen.

Nun bin ich schon zweieinhalb Stunden in der Luft, gerade über der Türkei. Noch dreieinhalb Stunden bis zur

Zwischenlandung in Doha. Bis Kathmandu sind es von dort noch einmal vier Stunden Flugzeit. Wir werden ungefähr um sieben Uhr Ortszeit dort ankommen. Nepal ist uns viereinhalb Stunden der MEZ - Zeit voraus. Was wird mich erwarten? Wird das Land noch ungefähr so sein, wie ich es aus alten Büchern her kenne? Wie werde ich mit der ungewohnten Höhe zurecht kommen?

Fragen über Fragen gehen mir durch den Kopf. Gerne würde ich jetzt rauchen. Na ja, bis Doha ist es ja nicht mehr so lang. Dort habe ich vielleicht Gelegenheit dazu.

Über der Türkei wird es langsam dunkel. Es ist nach MEZ 18.30 Uhr. Wir fliegen Richtung Osten.

Nach sechs Stunden Flugzeit landen wir in Doha. Ich steige aus dem Flugzeug auf die Gangway, und eine unheimlich stickige Luft haut mich fast um. Es ist wie in einer Waschküche. Mir rinnt der Schweiß aus allen Poren. Wir haben 23 Uhr und hier sind noch 42° Celsius bei einer Luftfeuchtigkeit von 98 Prozent. Man kann es nur im Flughafengebäude, in dem es eine Klimaanlage gibt, aushalten. Hans und ich gehen gleich in die Raucherecke. Im klimatisierten Gebäude "zischen" wir uns genüsslich eine Zigarette. Wie sich später noch herausstellen wird, sind wir beide von unserer Zwölfergruppe die einzigen Raucher.

Nach eineinhalb Stunden Aufenthalt sitzen wir wieder in einer neuen Maschine. Eine kleinere, sehr alte und in der Ausstattung etwas heruntergekommene Maschine. Wenn das bis Tibet so weiter geht, werden wir wohl noch segeln...

4. September

7.00 Uhr. Die Sonne ist aufgegangen.

Aus dem Flugzeugfenster bietet sich ein traumhafter Ausblick. Wir können den ersten Achttausender sehen, das Anapurnamassiv, gewaltig!

Nach der Landung in Kathmandu, Gepäck- und Zollabfertigung, werden wir am Ausgang von Astrid, unserer Reiseleiterin und unserem Guide (Bergführer) empfangen. Astrid ist eine junge, drahtige Frau mit halblangen, blonden Haaren. Geboren ist sie im Bayerischen Wald, wohnhaft in Passau. Sie leitet oft Bergtouren in den Alpen. Wie sich später herausstellt, hat sie zehn Jahre in Kathmandu gelebt und spricht perfekt Nepali. Der Guide ist Mitte vierzig und aus dem Stamm der Sherpas (Sherpa = Volk aus dem Osten) und heißt Lidung. Er erscheint mir auf den ersten Blick freundlich, offen und sympathisch.

Mit einem Kleinbus fahren wir quer durch Kathmandu, durch ein wahnsinniges Verkehrsgewühl. Zu diesem Gewühl kommt noch, dass hier auch auf der falschen Seite gefahren wird. Jeder hupt wie verrückt, hupt, was die Hupe hergibt. Wer am lautesten hupt, hat Vorfahrt. Beim Betrachten der Fahrzeuge hat man das Gefühl, die Hupe ist das einzige Teil am Auto, was noch einhundert Prozent in Ordnung ist. Alles andere ist schrottreif.

Unser Hotel Godavari befindet sich etwas außerhalb von Kathmandu. Das Hotel liegt in einer sehr gepflegten Garten-, nein eher Parkanlage. Ich bin gespannt, ob das Abendessen so gut ist wie das Hotel aussieht. Zum

Empfang bekommen wir Tee gereicht, grünen Tee - der war nie so nach meinem Geschmack. Wir beziehen unsere Zimmer. Ich teile mein Zimmer mit Bernd, einem Arzt im Ruhestand aus Chemnitz. Na, wenn das kein gutes Omen ist, denn ich bin in Chemnitz geboren. Wir werden uns auch auf der Tour das Zelt teilen. So richtig zum Auspacken kommen wir nicht. Schnell unter die Dusche, frische Klamotten angezogen, und ab geht es um 10 Uhr mit dem Kleinbus in die Stadt.

Kathmandu. Die Altstadt erschlägt dich mit ihren Eindrücken. Das Gewimmel von Menschen, das Gehupe der Autos, Hektik - ein Wahnsinn unbeschreiblich, man muss es gesehen haben. In Katmandu sieht man viele verschiedene Menschen. Unterschiedliche Kulturen leben hier zusammen. Hindus und Buddhisten. Menschen vom Bettler bis zum Reichen. Bettler, denen das Elend schon an den Augen abzulesen ist, geschweige an deren Kleidung. Bettler, die den Mülleimer umstülpen und darin wühlen, um etwas Brauchbares zu finden. Du siehst buddhistische Mönche in ihren schönen roten Gewändern, hinduistische Gurus, eilende Geschäftsmänner in ihren Maßanzügen, Frauen in ihren indischen traditionellen Gewändern, teilweise traumhaft anzusehen - "Traumfrauen", aber auch Jugendliche in modischen, westlichen Klamotten. So viele Extreme nebeneinander, wie diese Stadt aufzuweisen hat, habe ich noch nirgendwo gesehen.

Bernd, Dorle, Walter und ich durchstreifen die Altstadt von Kathmandu. Durch enge, schmale Gassen führt unsere Entdeckungsreise. Man kann sagen, dass jede Gasse einem Handwerk zugeteilt ist. In einer Gasse befinden sich nur Geschäfte, in denen es ausschließlich Schuhwerk zu kaufen gibt.

In einer anderen Gasse nur Blechartikel, in der nächsten nur Schmuck, wieder in einer anderen Gasse nur Bekleidung. Wir stöbern durch die Geschäfte und werden freundlich, aber aufdringlich angehalten etwas zu kaufen. Manche Händler laufen uns noch einige Straßenzüge weiter hinterher, um ihre Waren anzubieten. Das Sahnehäubchen in Handelsaktivitäten sind aber die fliegenden Händler, die einem kleine Andenken und Souvenirs aufschwatzen wollen. Sie können so lästig werden wie Fliegen auf dem Kuhfladen. Wenn du erfreut bist und dein Lächeln wieder in dein Gesicht zurückkehrt, weil du es geschafft hast, drei oder vier dieser fliegenden Händler abzuwimmeln ohne etwas gekauft zu haben, musst du mit Erschrecken feststellen, dass schon wieder fünf neue Händler vor dir stehen, die dich angrinsen und dir laut schwätzend, in einer unverständlichen Sprache, etwas zum Kauf anbieten. Einige können sogar ein paar Brocken Englisch sprechen. Wenn sie herausbekommen, dass du Deutscher bist, können sie sogar ein wenig deutsch, und wenn sie auch noch erfahren, dass du Thomas heißt, rennen sie dir hinterher und rufen immer deinen Namen. "Thomas, Thomas, kaufen, kaufen, billig, billig, gut, gut!"

Wir biegen um eine Ecke. Müllberge ohne Ende sind zu sehen. Du hast das Gefühl, ein Müllwagen der deutschen städtischen Müllabfuhr, der mit gelben Säcken beladen war, ist einfach abgekippt worden. Dazu laufen die Abwässer der Häuser teilweise quer über die Straße, teilweise entlang eines Rinnsteins. Du musst die Luft anhalten und schnell weiter eilen, damit sich dein Mageninhalt nicht *nach außen bewegt.*

Wir biegen um die nächste Straßenecke und glauben unseren Augen nicht. Hier ist es topsauber und alles gepflegt. Kathmandu bietet so viele Gegensätze - der blanke Wahnsinn.

In den Altstadtgassen hängt an den Häusern und Masten ein unerkenntlicher Kabelsalat der Strom- und teilweise Telefonversorgung. Um in dieses Kabelgewirr Ordnung zu bringen, könnte man dort Elektriker über Jahre hinweg beschäftigen. Es ist für mich unvorstellbar, dass es hier nicht jeden Tag brennt oder es zu Explosionen kommt.

Nach vier Stunden Entdeckungsreise durch die Altstadt sind wir und unsere Füße platt. Wir sind seit unserer Abreise in Deutschland fast dreißig Stunden, mit Ausnahme eines kleinen Nickerchens im Flugzeug, ohne Schlaf. Und dann noch die vielen Eindrücke - es wird Zeit für Hotel und Bett. Wir machen uns also auf den Weg zum Treffpunkt, um mit den anderen im Bus zurück zum Hotel zu fahren. Mir ist jetzt schon klar: Für die Altstadt und die Sehenswürdigkeiten Kathmandus brauchst du wenigstens eine Woche Zeit.

Das Abendessen im Hotel hat mich nicht enttäuscht.

5. September 2006

In der letzten Nacht habe ich gut geschlafen, und nach einem ausgiebigen, schmackhaften Frühstück fährt uns

Blick zum Manaslu 8161 m

Müll in der Altstadt von Kathmandu

der Bus in die Stadt hinein. Auf halbem Weg sehen wir den *Manaslu, den ersten Achttausender, aus der Nähe. Auch dieser Eindruck ist gewaltig, einfach Wahnsinn, wie so vieles in den letzten Stunden. Wir fahren zur Begräbnisstätte Pashupati. Als wir den Bus verlassen, hat jeder von uns schon wieder einen Schwarm fliegender Händler am Rockzipfel. Um meinen Ausflug und die Besichtigungen in Ruhe fortsetzen zu können, bin ich fast dazu geneigt, jedem der fliegenden Händler ein kleines Trinkgeld in die Hand zu drücken um meine Ruhe vor ihnen zu haben. Kaufen will ich nichts von ihnen, denn die feilgebotene Ware besteht meist aus Anhängern mit Zeichen darauf oder Medaillons und kitschigen, kleinen, bestickten Täschchen. Aber welchen Sinn hätte mein Unterfangen? Denn an der nächsten Ecke sind schon die nächsten Händler, die auf uns lauern wie ein Fliegenschwarm auf den frischen Misthaufen. Auf der einen Seite finde ich sie wirklich nervend und lästig, auf der anderen Seite kann ich auch nachvollziehen, dass diese Menschen ihren bescheidenen Lebensunterhalt mit den Verkäufen aufbessern wollen.

Pashupati ist wie eine eigene, kleine Stadt mit kleinen und großen Tempelanlagen und Pagoden. In einigen Häusern, einer Art Hospiz, werden Kranke und Alte, die dem Tode nahe sind, auf das Sterben vorbereitet und von ihren Angehörigen versorgt und gepflegt. Letztendlich werden die Leichen dann auf den dafür vorgesehenen Plattformen in Reisig und Holz eingebettet und am Fluss verbrannt. Die Menschen, die hier leben, haben eine andere Einstellung zum Sterben und zum Tod. Neben der Asche der Toten, die in den Fluss gestreut wird, baden Menschen

Leichenverbrennung in der Begräbnisstätte Pashupati

*Stupa
Boudhanath
in
Kathmandu*

(Reinwaschung) oder waschen ihre Wäsche. Neben den Verbrennungsplattformen findet ein Totenmahl statt, die Leute sitzen auf Decken wie bei einem Picknick. Nebenan steigt von einer anderen Plattform der Rauch eines anderen, eines verbrennenden Leichnams, auf.

Pashupati ist ein Erlebnis, von den Bauten und von den Menschen, die hier leben, Hindus, Gurus und Sadho, zum Teil abgemagert bis auf die Knochen.

Zurück zum Bus. Der Reiseleiter wimmelt noch schnell die letzten fliegenden Händler ab, und los geht es. Wir fahren zur größten Stupa der Welt: "Bouddhnath". Mit Stupa war in uralten Zeiten der Erdhügel gemeint, der über den Überresten einer toten Person errichtet wurde (aus dem Sanskrit stup: aufhäufen, ansammeln). Dieser Hügel hatte die Form einer Halbkugel und war meist aus Erde oder auch aus Stein gemacht. Unter ihm befanden sich die Gebeine oder die Asche eines hohen Lamas. Die Halbkugel, als Symbol für Vollständigkeit zeigt die Balance von Energie im Universum, wurde zum Symbol des Universums.

Am Eingang zum Rundweg um die Stupa bleibe ich einige Minuten stehen und halte inne. Ich schaue zur goldenen Spitze, von der Tausende von Gebetsfahnen abgehen. Im Hintergrund zeigt der Himmel Monsunwolken. Ich bin so ergriffen, dass mir Tränen in die Augen schießen - ich bin überwältigt. Auf jedem Prospekt von Kathmandu ist diese Stupa auf der ersten Seite abgebildet, und nun stehe ich selbst davor. Unfassbar! Viel später erst werde ich wohl alles, was ich heute hier sehe, richtig begreifen und realisieren, denn im Moment sind diese Eindrücke in dieser kurzen Zeitspanne einfach zu viel für mich.

Auf dem Rundweg um die Stupa reiht sich Geschäft an Geschäft, so wie Perlen auf einer Schnur. An diesem spirituellen Ort habe ich das Gefühl richtig durchatmen zu können, ich fühle mich wohl. Noch vor einer Stunde waren wir in der Begräbnisstätte der Hindus, dort war alles bedrückend und beklemmend für mich. Hier aber fühle ich mich frei und leicht, mit dem Universum verbunden. Ich habe hier das Gefühl von einer inneren Freiheit. Das liegt aber nicht daran, dass es hier keine fliegenden Händler gibt, die mich bedrängen, denn sie dürfen hier ihre Ware nicht anbieten. Nein, es liegt an diesem heiligen, spirituellen Ort.

Wir besichtigen ein kleines Kloster am *Barkhor, mein erstes Kloster auf dieser Reise. In meinen Büchern zu Hause habe ich viel über diese Klöster gelesen und etliche Fotografien betrachtet. Jetzt aber, da ich selbst in einem Kloster stehe, ist alles ganz anders. Es ist so beeindruckend, denn ich kann die ganze spirituelle Atmosphäre fühlen. Hier dürfen wir fotografieren, und ich werde ein paar schöne Aufnahmen für zu Hause machen.

Neben dem Kloster besuchen wir eine Art Malstube für Mandalas und Thankas, das sind gemalte oder gestickte Bilder. Hier werden Schüler von einem *Lama in dieser Malkunst unterrichtet. Es ist sehr beeindruckend zu sehen, in welchen Abschnitten diese Bilder mit ganz feinen Pinseln hergestellt werden. Ich bin interessiert an einem sehr fein gemalten Mandala und beginne zu feilschen. Die in Gold gemalten Feinheiten lassen sich nur mit Hilfe einer Lupe erkennen. Das Mandala wurde in einem Zeitraum von drei Monaten von einem Lama gemalt. Ich erwerbe es, und es wird sorgfältig zusammengerollt in eine Papprolle gesteckt. Zufrieden verlasse ich diese Malstube.

Nach dem Mittagessen geht es nach Patan, einem wieder aufgebauten und restaurierten Stadtteil von Katmandu, zum Teil wieder aufgebaut und restauriert mit viel Geld aus Österreich und Deutschland. Hier stehen mehr als einhundert Tempel. Ich werde von den Eindrücken fast erschlagen, es sind viel zu viel für einen Tag. Ich glaube, ich würde bestimmt eine Woche brauchen, um mir alles richtig ansehen zu können. Aber auch in dieser tollen Kulisse sind sie wieder da: die fliegenden Händler, die sich über Kilometer an deine Schuhsohlen heften. Du wirst sie nicht los.

Mir geht durch den Kopf, dass ich unbedingt noch einmal mit Bärbel hierher muss. Das muss auch sie gesehen haben.

Heute ist unsere letzte Nacht in Kathmandu, im Hotel Godavari. Morgen fliegen wir nach Nepalgunj.

6. September 2006

14 Uhr. Wir fliegen ungefähr in sechstausend Meter Höhe, leicht über den Wolken. Die Maschine, eine zweimotorige Propellermaschine, hat dreißig Sitzplätze. Ich sitze auf der rechten Seite am Fenster und sehe das *Anapurnamassiv und den Manaslu vorbei ziehen. Gewaltig! Die Berge sind zum Greifen nah, ein tolles Schauspiel!

Langsam werden die Berge auf der rechten Seite niedriger, erst 7000, dann 6000 Meter. Der Wolkenteppich, der die Berge einhüllt, gleicht riesigen Schnee- oder Wattebergen.

Wir landen nach ca. 45 Minuten in Nepalgunj, im Tiefland von Nepal.

Uns erwartet ein einfaches Hotel, allerdings in einem schönen Park gelegen, mit Palmen und Bananenstauden. Alles wirkt sehr tropisch. Die Temperatur beträgt 40° Celsius bei einer Luftfeuchtigkeit von über 95 %. In unserem Zimmer sind ungefähr 50°, auch ohne sich zu bewegen läuft der Schweiß in Strömen. Um das Hotel herum sind überall Reisfelder, Wasserlöcher und Tümpel. Schon bei Tag schwirren die Mücken in Scharen herum. Der Ventilator im Zimmer läuft auf Hochtouren, aber Abkühlung bringt er nicht. Da unser Zimmer über eine Klimaanlage verfügt, schalten wir sie voller Vorfreude ein. Ein Höllenlärm durchdringt den Raum, jeder Benzinrasenmäher ist leiser. Das soll ja eine tolle Nacht werden, denke ich, denn bei diesem Höllenlärm kann man bestimmt nicht schlafen. Und wenn wir die Anlage abschalten um Ruhe zu haben wird uns die Hitze quälen.

Bernd und ich haben vor dem Abendessen noch etwas Zeit und setzen uns in den Garten. In diesem Garten fliegen Papageien, deren Geschrei den Eindruck vermittelt, du wärst in den Tropen. Nach kurzer Zeit vertreiben uns aber die Mücken und wir flüchten in unser Zimmer. Wir sind alle froh, wenn es morgen endlich nach Simikot auf 2900 m geht und wir bei schöner, frischer Luft laufen können. Hier im Tiefland von Nepal könntest du nur

Urlaub machen, wenn es hier Meer und Strand gäbe. Aber so wie das Klima jetzt hier ist, mit dieser feuchten Hitze, ist es nicht gut auszuhalten.

7. September 2006

Um fünf Uhr klingelt unser Wecker, wir wollen früh fliegen. Gestern Abend hat sich bei mir noch ein schöner Durchfall eingestellt. Habe ja auch lange nichts gehabt, muss wohl an der tropischen Luft oder dem ungewohnten Essen liegen. Die Nacht war jedenfalls furchtbar. Wir haben geschwitzt wie die Affen, dreimal habe ich das T-Shirt gewechselt, denn es war immer klitschnass. Es war nicht möglich die Klimaanlage bei ihrem Höllenlärm laufen zu lassen. Also surrte nur der Ventilator, der aber trotz seiner Anstrengungen keine Abkühlung brachte.

Nach der morgendlichen, erfrischenden Dusche bin ich innerhalb der nächsten dreßig Sekunden wieder klitsch-nass geschwitzt. Zeit für ein ausgiebiges Frühstück bleibt auch nicht, da unser Flug plötzlich eine Stunde früher gehen soll. Nun sitzen wir alle am Flugplatz, der Magen knurrt, und das Wasser läuft uns am Hintern hinunter. Wir haben auch schon ein paar Kontrollen hinter uns - Inland-flugkontrollen - die spinnen hier total. Es ist eben eine ganz andere Welt. Hoffentlich geht es bald los, damit wir hier weg kommen.

Neben mir sitzt Ralf Wolter, der Schauspieler. In Wirklich-keit ist es zwar nur Hans, aber die Ähnlichkeit zu dem Schauspieler ist verblüffend. Kurzerhand habe ich ihn um-

getauft in "Ralf Wolter". Seine Frau Anita findet das aber gar nicht so lustig wie ich.

Mittlerweile ist es schon zwölf Uhr, und wir sitzen immer noch am Flughafen herum. Wir können wegen der vielen Wolken noch nicht fliegen, denn die kleinen Maschinen, die in die Berge fliegen, fliegen nur nach Sichtkontakt. Um zwölf Uhr dreißig dann die Mitteilung: "Heute können wir nicht mehr fliegen, zu schlechte Sicht!" Also, zurück in das Hotel, nach fast fünf Stunden warten und schwitzen.

Mit unseren Reisetaschen beladen gehen wir auf den Reisebus zu, der uns zurück ins Hotel bringen soll, allerdings in ein anderes Hotel. Ein weiteres Abenteuer, denn dieses Gefährt ist der Hammer. Rundherum ist dieser sogenannte "Bus" verbeult und verrostet wie eine alte Konservendose, aber dennoch schön bunt bemalt. Die Rücklichter fehlen total. Egal, ich glaube, sie würden sowieso nicht funktionieren. Die Tür am Einstieg fehlt auch. Die Sitze haben teilweise keine Polsterung mehr, dafür sitzt du auf Spannfedern oder, wenn du Glück hast, auf einem Brett. Die Fahrt geht los, und wir werden tüchtig durchgeschüttelt. Das einzige, was einwandfrei funktioniert an diesem "Bus", ist die Hupe, natürlich! Der Fahrer hupt ununterbrochen. Ohne abzubremsen geht es durch den lebhaften Verkehr. Alles springt außerhalb des Busses nach rechts und links zur Seite. Der Bus hat, so glaube ich, eine eingebaute Vorfahrt. Sollte doch vielleicht mal ein Unfall passieren, man würde es dem Bus nicht ansehen, denn es könnte nichts "stärker" verbeult werden als es jetzt schon ist.

In unserem neuen Hotel funktioniert sogar die Klimaanlage

und sie ist auch nicht so laut. Nach dem Essen legen wir uns ein wenig hin, und ich schlafe ohne zu schwitzen vier volle Stunden.

Um 19 Uhr gehe ich zum Abendessen. Vor dem Essen wird uns verkündet: "Wecken um 4.30 Uhr!" Na, dann Mahlzeit.

Fazit: Heute war ein verschenkter Tag!

8. September 2006

Wir werden über das Telefon geweckt - es ist 4.30 Uhr. Hastig wird das Frühstück hinunter geschlungen, und um 5.30 Uhr fahren wir wieder mit dem "Klapperbus" zum Flughafen. Nach einer halben Stunde sitzen wir schon in der Maschine. Eine "Twin Otter DHC-6" mit 18 Sitzplätzen. Die Maschine wird noch mit Handarbeit geflogen. Ich kann von meinem Sitz bis zum Piloten durchschauen. Die Tür schließt nicht mehr so richtig, so dass ich bis auf die Startbahn sehen kann. Start! Es geht hoch, eine kleine Runde über den Flugplatz - und dann? Zurück auf die Landebahn! "Zu schlechtes Wetter zwischen Nepalgunj und Simikot", wird uns mitgeteilt.

Nun sitze ich wieder im Flughafengebäude und muss mich über meine Ruhe sehr wundern. Diese Ruhe hätte ich vor anderthalb Jahren noch nicht gehabt. "Danke." Danke, dass ich es bis heute geschafft habe, mein Leben so zu verändern, denn sonst würde ich hier heute nicht sitzen.

Es ist 12 Uhr, und es ist kaum zu glauben. Wir fliegen! Nach fast einer Stunde kommen die Berge immer näher, und es wird immer steiler. Mit solch' einer Maschine ist es "Fliegen pur", und es macht mir richtig Spaß. Die Maschine fliegt über zwei, drei Pässe - ich habe das Gefühl, die Tragflächen streifen gleich die Berge. Plötzlich eine scharfe Linkskurve, die Häuser von Simikot sind zu sehen, die Maschine lässt sich steil nach unten fallen, wir setzen polternd auf der Landebahn auf und alles rappelt, klappert. Jetzt müsste sie eigentlich gleich auseinander fallen. Nein, die Maschine fällt nicht auseinander! Wohlbehalten sind wir angekommen. Das Rollfeld ist keine 150 m lang und sieht aus wie ein Sturzacker.

Simikot liegt auf 2910 m Höhe im Nord-Westen von Nepal, hoch über dem Flusstal des Humla-Kanali und ist die wichtigste Siedlung in dem entlegensten nepalesischen Distrikt. Hier treffen wir unsere Begleiter, Küchenmannschaft und Träger. Auf der grünen Wiese neben der Landebahn wird uns ein ausgiebiges Mahl bereitet. Unser Gepäck (Reisetasche) wird auf die Lasttiere und Träger verteilt, unser Rucksack geschnürt und geschultert - das Trekking beginnt.

Die Landschaft, die wir durchlaufen, ist farbenfroh und abwechslungsreich. Viele kleine Dörfer liegen idyllisch entlang unseres Weges. Terrassenfelder mit Mais und Hirse erstrecken sich links und rechts der Kanalischlucht. Unten in der Schlucht schlängelt sich wild der Kanalifluss, eingebettet in einer grünen Schlucht. Hier ist die Natur noch Natur.

Nach einer Stunde Gehzeit sind wir auf unserem ersten

Nach der Landung in Simikot auf 2910 m Höhe

Die Nepalikinder lassen sich gern fotografieren

Pass auf 3200 m Höhe angekommen. Nach weiteren vier Stunden, mit ständigem Auf- und Abgehen, beginnt es langsam zu dämmern. In der vollen Dunkelheit erreichen wir unseren Zeltplatz nahe des Ortes Darapuri und bauen im Schein der Stirnlampen das erste Mal die Zelte auf. Wir packen die Isomatten ins Zelt, rollen den Schlafsack aus und ab zum Abendessen ins Essenszelt. Auf unserem Zeltplatz steht inzwischen ein Küchenzelt, ein Speisezelt und, etwas abseits, ein kleines Klozelt. Unsere Küchen-mannschaft zaubert für uns auf einer einfachen Kochstelle ein "4-Gänge-Menü". Einfach genial und sehr lecker!

Es ist 22.30 Uhr und ich lege mich auf meine Isomatte - die erste Nacht im Zelt! Ich bin gespannt, wie ich diese Nacht schlafen werde.

9. September 2006

Ich habe trotz der neuen, ungewohnten Umgebung relativ gut geschlafen. Beim Einschlafen vernahm ich allerdings das laute, tosende Geräusch des direkt an unserem Lagerplatz vorbei rauschenden Wildbachs. Er stürzt sich über mehrere Felsabsprünge ins Tal. Ich fühle mich erinnert an die erste Nacht mit Bärbel im Gasthof "Altvent", dessen Ursprung im 16. Jahrhundert liegt. Auch hier rauschte direkt unter unserem Fenster die Venter Ache tosend zu Tal und ließ uns nicht einschlafen. Erst nachdem es Bärbel mit der Romantik und den Natur-geräuschen zu viel wurde und sie das Fenster schloss, stellte sich endlich die verdiente Nachtruhe ein. Bei diesen schönen Erinnerungen und der Tatsache am Tage fünf

Stunden gewandert zu sein, überkommt mich aber letztendlich doch eine bleierne Müdigkeit und ich schlafe in meinem Zelt ein.

Es ist 5.30 Uhr. Mit einer Tasse heißem Tee werden wir von unserem Guide geweckt. Es ist noch dunkel, doch im Schein meiner Stirnlampe verstaue ich meine Habseligkeiten in meine Tasche und in den Rucksack. An diesen Morgenrhythmus werde ich mich wohl erst gewöhnen müssen. Ich versuche schon jetzt etwas System und Ordnung in mein Gepäck zu bringen, verstaue Schlafsack und Isomatte auf die linke, Kleidung auf die rechte Seite und den restlichen Kleinkram in die Mitte der Tasche, um mich gegebenenfalls auch im Dunklen zurecht zu finden.

Über den Bergspitzen im Osten schiebt sich das helle Grau in Minutenschnelle weiter in das Schwarz des Nachthimmels vor. Der Himmel wird heller und heller, die Sterne werden müde. Es sind viele unterschiedliche Grautöne am Himmel zu sehen, die sich ineinander schieben und wieder neue Farben schaffen.

Frühstück mit Spiegelei, Schinken, Müsli, verschiedene Sorten Honig, frisch gebackenem Pfannkuchen, Kaffee, Tee und Saft. Besser kann es nicht sein, und ich genieße das Essen.

Um 7 Uhr sind die Zelte abgebaut und alle zum Abmarsch bereit. Unsere Tagesetappen sollten zwischen fünf und sechs Stunden liegen. Durch unseren verlorenen Tag in Nepalgunj werden wir an den nächsten beiden Tagen neun bis zehn Stunden unterwegs sein und unseren *vorgesehenen Zeltplatz für die Nacht überspringen, um die verlorene Zeit wieder aufzuholen.*

Angenehm beginnt unsere Wanderung im Schatten von Obstbäumen. Wir erreichen ein Dorf, es folgt ein steiler Abschnitt und wir überqueren einen steinigen Hang hinab zu einem Bach. Hier erreichen die Reisfelder ihre obere Anbaugrenze. Weiter geht es im ständigen Auf und Ab, aber die Mühe wird durch den Anblick einer sehr schönen Landschaft belohnt. Der Weg schlängelt sich durch die steile Kanalischlucht, unter uns der tosende Fluss. Terrassenfelder bei jeder Siedlung. Hier wird an den steilen Hängen auf kleinsten Feldern, die durch Mauern begrenzt sind, Buchweizen, Hirse und Gerste angebaut. Wir befinden uns auf über 2500 m Höhe. Wären wir in den Alpen in dieser Höhe, würde man keinen Baum, geschweige Getreide vorfinden.

Nach fünf Stunden haben wir das Dorf Kermi erreicht. Hier legen wir eine Mittagspause ein. Unsere Küchenmannschaft, die uns mit allen Utensilien vorausgeeilt ist, hat schon ein schmackhaftes Essen zubereitet. Nach ausreichender Stärkung und einer Stunde Ruhe geht es weiter. Unser nächstes Ziel ist die Passhöhe Subidada auf 3150 m. Auf der Passhöhe befindet sich eine kleine Stupa und eine Anzahl von Mani-Mauern.

Mani-Mauern werden von gläubigen Buddhisten zum Zeichen der Verehrung oder mit der Bitte um Schutz aus Tausenden von Steinen aufgeschichtet. Auf den meisten Steinen sind buddhistische *Mantras kunstvoll heraus gemeißelt, am häufigsten ist das Mantra "Oh mani pad me hum" (Oh Bodhisattva in dem Juwel der Lotosblüte, segne *meinen Körper, meine Worte und meinen Geist.) Zu den vielen tausend *Gebetsfahnen, die auf der Passhöhe im Wind flattern, hängen wir unsere eigenen Gebetsfahnen, die wir mitgebracht haben, dazu. Die Fahnen sind in fünf verschiedenen Farben gedruckt, und mit ihnen werden die fünf verschiedenen Elemente berührt: blau = Luft, weiß = Raum, rot = Feuer, grün = Wasser, gelb = Erde. Das Windpferd in der Mitte symbolisiert die Direktheit und Schnelligkeit, mit der die Wünsche übermittelt werden. Wünsche und Gebete werden so vom Wind in den Kosmos getragen.*

Die Pausen eingerechnet, sind wir bis jetzt über neun Stunden unterwegs. Von unserem nächsten Zeltplatz trennt uns noch ein Abstieg von 250 m. Als Erster komme ich unten an. Nach ungefähr sechs bis sieben Stunden hatte ich mich so richtig eingelaufen und hätte jetzt sogar noch weiter gehen können. Von unseren zehn Stunden heute habe ich mich schnell erholt. Auf unserem Zeltplatz, der von einem Wald umgeben ist, lagern auch einige Karawanen, die Reis und Salz transportieren. Salz von Tibet nach Nepal. Die Transporttiere, meist Dzos, eine Kreuzung zwischen Yak und Rind, grasen friedlich zwischen unseren Zelten auf der weiten Ebene unseres Lagerplatzes. Die Dzos haben zum Teil unerhört lange Hörner und machen auf mich einen furchterregenden Eindruck. Man fühlt sich wie in einer anderen Welt.

Man ist in einer anderen Welt!

Das Auf– und Abgehen ist gut für die Akklimatisation

Hängebrücken zu überqueren ist gewöhnungsbedürftig

Unser Träger macht eine Rast mit seinem „Hasch-Pfeifchen"

Gegenverkehr - Ziegen bringen Salz von Tibet

10. September 2006

Um 7.15 Uhr sind wir an diesem Morgen aufgebrochen. Es geht zuerst sehr steil, in kleinen Kehren hundert Meter abwärts, zum Kanalifluß. Wir überschreiten die erste Hängebrücke mit einer Länge von ca. 100 Metern. Die Hängebrücke, mit sehr starken Stahlseilen gehalten, macht einen guten und sicheren Eindruck auf mich, trotzdem habe ich ein etwas komisches oder gar beklemmendes Gefühl beim Überschreiten. In einem ständigen Auf und Ab geht es weiter durch die landschaftlich schöne Kanalischlucht.

An einer steilen, engen Stelle - wie sollte es auch anders sein - kommt uns die erste Ziegenkarawane entgegen. Die Ziegen transportieren Salz in kleinen Säckchen auf ihrem Rücken. Je nach Stärke und Größe trägt ein Tier zwischen fünf bis dreißig Kilo Salz. Während die Salzkarawane auf uns zukommt, begreife ich, dass diese dem Anschein nach primitive Transportart in Wirklichkeit äußerst effizient ist. Drei Männer sind völlig ausreichend, um eine drei- bis vierhundert Tiere zählende Herde zu führen. Außerdem kann eine Herde in dieser Größe, wenn die Tiere im Durchschnitt 15 kg tragen, vier bis sechs Tonnen Salz transportieren. Um den Transport dieser Lasten auf dem Rücken von Pferden, Maultieren oder Eseln durchzuführen, wären viel mehr als nur drei Männer nötig. Ferner scheinen die Ziegen zwar langsamer voranzukommen, aber auf langen Strecken sind sie nicht weniger schnell als Lasttiere, die täglich viele Stunden auf der Weide brauchen, um ausreichend Futter zu finden, während die Ziegen sich unterwegs ernähren. Die Ziegen fressen im

Gehen, reißen hier und da einen Büschel Gras aus, ohne je stehen zu bleiben. Auf diese Weise legen sie am Tag eine Strecke von fünfzehn bis zwanzig Kilometern zurück. Und schließlich müssten Pferde, Maultiere und Esel jeden Abend entladen und am Morgen wieder neu gesattelt werden. Ein Vorgang, der jeden Tag mehrere Stunden in Anspruch nehmen würde. Nicht so bei Ziegen. Diese tragen ihre Lasten Tag und Nacht, somit sind sie schon im Morgengrauen bereit zum Aufbruch und können den ganzen Tag bis zum Einbruch der Dunkelheit in Bewegung sein. Als die Herde an mir vorüber zieht kommt mir der Gedanke, dass ich hier eine der ältesten Handelstraditionen sowie Transportsysteme miterlebe, die unverändert bis zum dritten Jahrtausend überlebt hat. Tatsächlich erwähnten schon die ältesten Manuskripte das aus Tibet stammende und über den Himalaya beförderte Salz, und man könne annehmen, dass dieser Handel seit mehr als 4000 Jahren besteht, wahrscheinlich noch weitaus länger.

Ich bin von diesen kleinen Ziegen und ihrer Leistung sehr beeindruckt und schaue ihnen noch lange nach, bis das letzte von ca. 400 Tieren an der nächsten Biegung verschwunden ist. Ich habe mich richtig in diese kleinen Viecher mit ihren gewaltig gedrehten Hörnern verliebt.

Nach zwei Gehstunden erreichen wir den Ort Jalbang. Am Wegesrand wächst wild Kanabis. Hier wäre für einige Leute, die ich kenne, der richtige Urlaubsort zum Naschen, ja fast das Paradies. Nur, dass hier nicht die gebratenen Tauben, sondern Kanabis zum Verweilen einlädt.

Es ist 13.30 Uhr und wir sind am Mittagsplatz angelangt. Bis hierher war es ein langer und heißer Weg bei Tempe-

raturen, die ich sonst nur von Formentera kenne. Nur: Auf Formentera würde ich nicht mit Wanderstiefeln, Rucksack und Klamotten herumlaufen, sondern nackt am Strand unter dem Sonnenschirm liegen.

Nach dem Mittagessen gehen wir weiter zum nächsten Pass in 3150 m Höhe. Von der Passhöhe aus sehen wir auf der anderen Seite in der Ferne unsere Zelte stehen, die bereits von der Begleitmannschaft aufgebaut wurden. Bei den Zelten angekommen, wird im Fluss Kanali auf 2900 m zum ersten Mal seit Tagen eine Ganzkörperwaschung vorgenommen. Bis zu den Knien im Wasser stehend ist höchste Eile geboten, denn es besteht die Gefahr, dass dir die Füße abfrieren. Bei einer Wassertemperatur von fünf bis sechs Grad wäre das auch kein Wunder! Wenn wir morgen noch höher steigen, wird sich das mit dem Waschen erledigen, ich werde dann wohl auf meine feuchten Einwegtücher zurückgreifen. Ein anstrengender Tag, aber mit vielen, tollen und neuen Eindrücken. Wieder einmal haben mich, neben vielem anderen, die angelegten Terrassenfelder auf Höhen von über 3000 m sehr beeindruckt.

Hoch über der Kanalischlucht, keine fünfzig Meter von mir entfernt, habe ich zum ersten Mal in meinem Leben ein wildlebendes und freifliegendes Adlerpärchen gesehen. Die Spannweite ihrer Flügel schätze ich auf 2,50 m. Bisher habe ich nur einmal als Kind, auf der Augustus Burg in einer Falknerwarte, einen Adler fliegen sehen, aber noch nie in freier Natur. Ich spüre Freiheit in mir so wie die in Freiheit fliegenden Adler.

11. September 2006

Nachdem wir unsere Zelte abgebaut haben, starten wir gegen 8 Uhr zur nächsten Etappe. Heute haben wir eine Gehzeit von nur sechs Stunden vor uns, allerdings geht es auf 3700 m hoch. Ich bin mal gespannt, wie ich mit der Höhe zurecht komme. Wir gehen zuerst 100 Meter abwärts zum Fluss und überqueren ihn auf einer kleinen Hängebrücke. Der Weg zieht sich nun steil bergauf. Ziegenkarawanen mit Salz und Reissäcken beladen kommen uns entgegen. Nach einer Stunde Gehzeit werden wir von einer Herde *Dzos, Rindern und *Yaks überholt, die Bauholz nach Tibet bringen. Es sind die ersten Yaks, die mir begegnen, mit ihren kurzen Beinen und dem langen Zottelfell ein unvergesslicher Anblick. Gleichmäßig, wie sich ein Uhrwerk abspult, so trotten sie auf ihrem Weg. Für das Bauholz werden im baumlosen Westtibet hohe Preise erzielt. Ein gutes Geschäft für die Herdenbesitzer.

Wir sind auf dem Pass in 3400 m Höhe angekommen. Jetzt geht es fast eben weiter. Eine Landschaft wie auf Formentera breitet sich vor mir aus, die gleiche Vegetation mit Wacholdersträuchern und Krüppelkiefern, und zu hören ist das gleiche Zirpen. Auf den staubigen und steinigen Wegen geht es weiter bis zu einem Teehaus, in dem wir Mittagspause machen. Unsere Küchenmannschaft hat das Mittagessen noch nicht fertig. Also nutze ich die Zeit, lege mich ins Gras und träume. Die Landschaft hat hier Almboden-Charakter, du hast das Gefühl, die Sennerin müsste jeden Augenblick mit einem tief ausgeschnittenen Dirndl um die Ecke kommen. "Essen

Yaks bringen Bauholz nach Tibet

Siedlung Yari

ist fertig!" Ich schrecke hoch.

Nach einem ausgiebigen Mahl mit Vorsuppe gehen wir weiter zum nächsten Pass auf 3620 Meter. Wir bleiben auf dieser Höhe und gehen einen sehr schönen Weg, gesäumt mit vielen bunten Steinen aus dem Bachbett und Heckenrosen dahinter. Die Blätter bekommen schon langsam ihre Herbstfärbung. Dieser Anblick erinnert mich sehr an unseren letzten Urlaub auf Sylt. (Bärbel, du fehlst mir!) Es ist sehr komisch, denn ich bin jetzt schon eine Woche unterwegs, habe schon so viele schöne Dinge gesehen und noch so viele Tage vor mir. Viele, viele Eindrücke haben schon auf mich eingewirkt, aber jetzt ist es das erste Mal, dass ich mich auch auf zu Hause freue. Heimweh? Werde ich älter oder kommt es nur durch die Entfernung? Ich war noch nie alleine so lange und so weit von zu Hause weg.

Nach einer Stunde kommen wir an der Siedlung Yari vorbei. Es ist Erntezeit. Die Nepali die gesamte Dorf- gemeinschaft, sind auf den Feldern und ernten noch wie in Vorzeiten, gebückt, mit der Sichel Gerste, Sesam und Buchweizen. Das Getreide wird gebündelt und zu Puppen aufgestellt. Nach dem Abtransport ins Dorf wird es auf den flachen Dächern der Häuser gestapelt, auf dem es auch von Hand gedroschen wird.

Am Ende der Tagesstrecke erwartet uns noch ein steiler Anstieg auf 3700 Meter, dort stehen unsere Zelte. Heute haben wir wieder einmal Glück gehabt. Die Mannschaft war schon eine Stunde vor uns hier und hat uns so den Aufbau der Zelte erspart. Es weht ein eiskalter Wind, und es sind nur noch sechs Grad. Die Täler und

Nebentäler werden weiter. Ja, es ist zu spüren, wir nähern uns langsam Tibet.

Bis zum Abendessen um 19 Uhr werde ich mich noch eine Stunde aufs Ohr legen. Bärbel, ich denke an dich, ich liebe dich, hätte dich gerne bei mir . Ich bin dir sehr, sehr nah.

Das Abendessen ist wieder einmal schmackhaft. Wir sitzen gemütlich im Essenszelt beieinander und plaudern. So gegen 22 Uhr gehe ich zurück zum Zelt und entdecke Raureif. Das kann eine kalte Nacht werden. Tief kuschele ich mich in meinen Schlafsack, setze noch die Mütze auf und versuche einzuschlafen. Plötzlich höre ich wieder diese vertrauten Geräusche. Bernd räumt mal wieder seine Reisetasche von oben nach unten und von unten nach oben aus. Jede Plastiktüte nimmt er dreimal zur Hand, verstaut sie wieder, um sie bald darauf wieder heraus zu kramen. Ich habe das Gefühl, er braucht dieses abendliche Ritual um schlafen zu können. Sein Ritual erinnert mich an eine Tour am Großvenediger mit meinem Freund Hacki, der auf jeder Hütte seinen Rucksack mit komplettem Inhalt wenigstens zwei- bis dreimal ein- und ausgepackt hat. Da kann ich nur sagen: "Das Genie beherrscht das Chaos" oder: "Wer Ordnung hält, ist zu faul zum Suchen". Diese Gedanken spielen mir ein Grinsen ins Gesicht, und ich schlafe friedlich ein.

12. September 2006

5.30 Uhr Wecken mit dem vertrauten Satz: "Tea, with sugar or without sugar, with milk or without milk?" - "Zweimal with milk no Zucker" schallt es aus unserem Zelt zurück.

Nach dem Frühstück bauen wir die Zelte ab und um 7 Uhr ist Abmarsch. Einige von unseren Trägern haben schon ihr obligatorisches kleines Haschpfeifchen geraucht und einen Blick, als ob sie schon in die nächste Woche schauen könnten. Immer freundlich, immer lächelnd.

Im Gänsemarsch gehen wir die erste Steigung hinauf. Als Erster läuft immer Wolf. Wolf ist 65 Jahre alt, groß und stämmig. Er hat immer eine Jacke oder einen Pullover mehr als alle anderen an und die Strickmütze tief ins Gesicht gezogen. Diese Mütze zieht er auch nicht ab, wenn die Sonne heiß vom Himmel brennt. Getreu nach der Devise: "Was für die Kälte gut ist, ist auch für die Wärme gut". Wolf hat immer einen sehr langsamen, aber dafür gleichmäßigen Schritt. Er geht in der Ebene, beim steilsten Aufstieg oder beim Abstieg immer seine gleichbleibende Geschwindigkeit, gleichbleibend wie ein Uhrwerk.

An zweiter Stelle läuft Horst, auch "Horstel" genannt. Horstel ist etwas kleinwüchsig und sehr schweigsam mit seinen sechzig Jahren. Er unterhält sich höchstens mal mit Wolf, dann aber ganz leise. Er steht bei Pausen meist etwas abseits, der "Schwabe" aus dem Schwarzwald.

Dorle läuft an dritter Stelle. Schlank und drahtig ist sie, ja, vielleicht sogar ein bisschen hager, aber mit einer Bombenkondition für ihre 63 Jahre. Dorle ist für mich eine sehr angenehme Erscheinung. Sie ist intelligent, witzig und sehr unterhaltsam auf hohem Niveau.

An vierter Stelle läuft Walter. Zwei Meter groß, er muss bei jeder Tür den Kopf einziehen. Walter, ein waschechter

"Wiener", war mir von der ersten Stunde an sehr sympathisch. Meine Großeltern mütterlicherseits stammten auch aus Wien, aber daran hat es wohl nicht allein gelegen, sondern an seiner offenen Art und daran, wie er mit allen umgeht.

Dieser "Vierer-Clan", wie sie von dem Rest der Gruppe genannt werden, läuft immer zusammen im Gleichschritt. Keiner von uns anderen hat eine Chance dazwischen zu kommen. Ab Platz "fünf" gibt es keine Rangordnung mehr. Gregor, Bernd, Dirk, Anita, Hans, Martina, Klaus und ich laufen mal zusammen oder auch alleine. Hier kann der Letzte auch ruhig mal Erster sein. Das Schlusslicht ist aber auf jeden Fall immer Astrid unsere Reiseleiterin, die Lumpensammlerin. Sie passt auf, dass keiner zurück bleibt.

Es ist schweinekalt, und die Finger sind noch steif vom Zeltabbau. Heute soll also mein neuer Höhenrekord aufgestellt werden. Wir gehen stetig bergauf, der Wolkenteppich hängt bei ca. 4000 Meter. Nach einer Gehstunde machen wir eine verdiente Rast- und Trinkpause in einem Teehaus. Der heiße Tee tut gut und belebt die Glieder. Es ist angeraten in der Höhe viel zu trinken, man sagt: pro 1000 Meter soll man einen Liter Flüssigkeit am Tag zu sich nehmen. Ich nehme mir vor, jeden Tag ausreichend viel zu trinken. Die ganze Trinkerei hat nur den Nachteil, dass man ständig pinkeln muss. Die Hunde haben es da leichter, denn sie heben nur einfach an jeder Ecke ihr Bein.

Beim weiteren Aufstieg sind wir rasch von der geschlossenen Wolkendecke eingehüllt. Die Wolken reißen erst über

Getreide wird auf den Dächern getrocknet

Der erste Blick auf die unendliche Weite Tibets

dem Pass Nara auf 4450 m durch den starken Wind auf. Drei Stunden waren wir bis hierhin unterwegs. Ich bin gut gelaufen und fühle mich topfit. Prima, ich habe keine Probleme mit der Höhe. Ja, nun habe ich ihn eingestellt, meinen bisherigen Rekord vom Großglockner! Innerlich bin ich ergriffen und zufrieden.

Wir gönnen uns auf dem Pass eine halbe Stunde Pause, hängen jede Menge Gebetsfahnen auf und beginnen dann mit dem Abstieg. Gegenverkehr durch eine Herde Yaks. Kurz hinter der Passhöhe haben wir einen wunderschönen Blick über die unendliche Weite von Tibet. Die Wolken sind verschwunden, und die Sonne lacht uns entgegen. Die umliegenden kahlen, felsigen Berge, die sich bis zum Horizont erstrecken, erstrahlen in vielen Farben. Unwirklich erscheinen sie rötlich, bläulich, sandfarben, ocker, eine Farbenvielfalt, kaum zu beschreiben. Ich habe das Gefühl bei der Entstehung der Erde dabei zu sein. Die Luft ist so klar, dass man sie am liebsten in Flaschen abfüllen und mit nach Hause nehmen möchte.

An einem Bergrücken liegen die filigranen Häuser von Sera oberhalb des Kanali Flusses. Sera, der erste Ort in Tibet. Der Abstieg ist sehr beschwerlich und geht mir gewaltig in die Knochen. Wir haben nur Glück, dass viel kleines Gestein und Geröll an den Seiten des Abstiegweges zum Springen einlädt. Springend wird der Abstieg leichter.

Unsere Zelte stehen beim Dorf Hilsa auf 3650 Meter und sind von unserer Trägermannschaft schon aufgebaut worden. Wieder einmal Glück gehabt! Auf dem Zeltplatz steht Astrid, mit einigen Männern zusammen. Es sind

*Der
Kanalifluß*

Blick von Purang zum Himalaya

Maoisten, die Wegegeld von uns kassieren wollen.

Zur Verhandlung über die Höhe des Geldes verschwinden alle in unser Essenszelt.

Nach kurzer Zeit kommen alle zufrieden wieder heraus. Man ist sich einig geworden. Hundert Dollar pro Person. Wir gehen alle in Vorkasse und bekommen später das Geld vom Summit Club, unserem Reiseveranstalter, zurück.

Heute waren wir siebeneinhalb Stunden unterwegs. Vor dem Abendessen mache ich, wie gewohnt, ein Nickerchen. Morgen geht es auf nach " Tibet ".

13. September 2006

Über eine Hängebrücke erreichen wir um 8 Uhr Tibet. Die Trägermannschaft trägt uns das Gepäck noch über die Brücke. Hier ist für die Träger das Ende der Tour. Sie werden von uns herzlichst verabschiedet. Jeder von uns überreicht zwei Trägern ein Trinkgeld in Höhe von fünfhundert Nepalrupien, das sind umgerechnet noch nicht einmal fünf Euro.

Es wird wie wild fotografiert. Ich komme mir ein wenig fehl am Platz und hilflos vor. Mir erscheint das Trinkgeld sehr gering und ich schäme mich fast. Die Träger bekommen auch noch einen Lohn von der Reiseleitung, je nach Rangordnung, so um die zwanzig bis dreißig Euro umgerechnet. Das ist der Lohn für sieben Tage laufen und schleppen und für sieben Tage Rückweg nach Simikot. Man kann wohl hier keine europäischen Maßstäbe ansetzen. Viele von ihnen hätten andererseits ohne uns Touristen keine Arbeit und keinerlei Möglichkeit, sich ein paar Rupien zu verdienen. Hier im Land können die Menschen mit umgerechnet dreißig Euro eine ganze Familie einen Monat lang ernähren. In diesen paar Minuten gehen mir all diese Gedanken durch den Kopf. Ich kann es von nepali- oder europäischer Seite sehen, fühle mich aber auf keiner Seite so richtig wohl.

Wir schultern unsere Rucksäcke und sind in einer halben Stunde Stunde auf 3800 Meter an der Grenzstation. Es ist ein Gebäude, auf einer Seite nur aus Glas bestehend, allgemein nur bekannt unter "Glaskasten". Der Innenhof ist von einer hohen Mauer umschlossen. Wir warten nun auf unsere Abfertigung und Grenzkontrolle der "Mao-Bande". Das ist also das neue Tibet. Werde ich auch noch das alte, mir aus vielen Büchern bekannte, Tibet zu sehen bekommen? Nach einer Stunde Warten bekommen wir die ersten Formulare zum Ausfüllen, natürlich in chinesisch. Astrid erklärt uns, was wir wohin schreiben müssen. Also, Pässe raus und frisch ans Werk. Nach einer weiteren Stunde kommen die nächsten Formulare, aber diesmal in Englisch. Wieder: Pässe raus und wieder ausfüllen.

Mittlerweile sind meine beiden Trinkflaschen mit anderthalb Litern geleert, denn ich habe mir das viele Trinken schon antrainiert. Die Folge davon ist, ich muss das "Stille Örtchen" aufsuchen. Es sieht von außen ganz gut aus, aber ich gehe nur dem Geruch nach und finde den Eingang sofort. Zwei Löcher befinden sich im Boden, das ist das Klo. So muss es im Mittelalter auf unseren Burgen ausgesehen haben, denn damals wurde auch an der Außenmauer entlang geschissen. Manche Burgen sollen ja über Jahre deshalb nicht bewohnbar gewesen sein. Na ja, hier heißt es: Luft anhalten, gut zielen und schnell wieder weg hier.

Nun sind schon drei Stunden vergangen, und wir werden alle aufgefordert uns auf dem Innenhof zu versammeln. Jeder muss sich mit seiner Reisetasche und seinem Rucksack zwecks Kontrolle aufstellen. Zwei uniformierte "Milch-Buben", ich schätze sie auf höchstens achtzehn Jahre, durchwühlen Tasche für Tasche und Rucksack für Rucksack. Wir sind von Astrid vorgewarnt worden, ja keine Bilder vom *Dalai Lama im Reisegepäck mitzuschleppen. Aus Reiseführern wurden alle einschlägigen Bilder vorher von uns entfernt. Sollte doch noch bei jemandem etwas gefunden werden, sitzen wir nächste Woche noch hier. Aber wir haben Glück! Kontrolle abgeschlossen und wir dürfen in den Glaskasten zurück gehen. Auf den Bänken nutzen einige von uns die Zeit für ein kleines Nickerchen. Es ist nur gut, dass die Sonne scheint. So sitze ich draußen auf den Stufen und wundere mich wieder über meine Gelassenheit.

Nach "nur" fünf Stunden ist es dann so weit. Die Taschen und Zelte, die Küchenausrüstung und alles, was uns gehört, wird auf unseren LKW verladen. Wir werden mit unseren Rucksäcken auf die vier Geländewagen, alles Toyota Land Cruiser, verteilt. Die Autos sehen astrein aus, sie sind fast neu, V8 Motor, 4,5 Liter. Ab jetzt werden wir nur von Astrid, der Küchenmannschaft und dem Guide begleitet.

Die Fahrt geht am Ort Sera vorbei, ein paar Serpentinen hinunter, und da ist sie zu sehen - die unendliche Weite von Tibet. Ich kann diesen Anblick nicht mit Worten beschreiben, dieses Licht, diese unglaubliche Helligkeit. Ich muss mir morgen unbedingt die Sonnenbrille aus der Reisetasche nehmen, mir schmerzen die Augen von diesem Licht. Wir fahren auf staubiger Piste in 1½ Stunden nach Purang auf 3860 Meter Höhe. Die Piste lässt erahnen, was uns mit dem Auto noch bevor steht. Die Fahrt endet an einem Gästehaus. Hier wollen wir übernachten. Meine Gelassenheit wird schon im Empfangsraum erneut auf die Probe gestellt. Nach einer Stunde Warten kommt endlich jemand, der unsere Pässe kontrolliert. Wir stellen uns wieder in einer Reihe auf, allerdings diesmal alphabetisch geordnet. Gesichtskontrolle mit vorgehaltenem Pass. Uns sitzen drei Chinesen in Uniform gegenüber, einer davon bestimmt keine zwanzig Jahre alt. Was sich die Chinesen hier herausnehmen, ist eine Unverschämtheit. Heute sind die Tibeter eine Kuriosität im eigenen Land geworden. Die westlichen Reisebüros teilen sich mit den Chinesen die Einnahmen aus dem Tourismusgeschäft. Nach wie vor gilt das Land als anachronistisches, von heiligen Weisen bevölkertes Paradies, in dem alle Träume in Erfüllung gehen. Die Wahrheit sieht anders aus. Ohne die Hilfe des im Exil lebenden Dalai Lama und der restlichen Welt, kämpfen die Tibeter seit 50 Jahren darum, ihre Identität und Spiritualität zu erhalten und vor der Besatzungsmacht zu bewahren. Kaum eine Nation ist meiner Meinung nach arroganter als die Chinesen, die keine Gelegenheit auslassen, den „barbarischen" Tibetern ihre Verachtung zu zeigen und sie zu demütigen. Davon zeugt die große Zahl chinesischer Garnisonen in den entlegensten Landesteilen Tibets.

Das Gästehaus ist rappelvoll, mit Pilgern zum oder vom *Kailash. Den Zustand des Hauses würde ich als "unter der Gürtellinie" bezeichnen. Ich mache einige Fotos und stelle fest, dass jede Alpenvereinshütte, die mir bekannt ist, dagegen ein Luxushotel ist. Hier ist kein Wasser auf der Bude, aber ein Fernseher. Zwei Wassereimer befinden sich vor der Tür unseres Zimmers, ein roter mit sauberem Wasser - ein blauer für das schmutzige Wasser. Die Betten wirken nicht gerade einladend, also ziehen wir es vor in unseren Schlafsäcken zu schlafen. Nach dieser ganzen Aufnahmezeremonie habe ich Lust hinaus zu gehen und streife noch eine ganze Stunde durch die Stadt. Wenn die Chinesen weiter so wild bauen, wird man bald von dem alten Purang nichts mehr sehen. Hier herrscht eine totale Unterwanderung der tibetischen Kultur durch die Chinesen. Ich schätze, in zehn bis zwanzig Jahren hat China das erreicht, was es will: Die Tibeter werden dann wohl Fremde im eigenen Land sein. Gut, dass ich heute hier sein darf und nicht erst in zehn Jahren.

Heute essen wir in einem kleinen Restaurant in einer Nebenstraße zu Abend.

14. September 2006

Flöhe waren wohl keine in den Betten, trotzdem bin ich froh, dass es weiter geht.

Höhlenkloster Kovor Gompa aus dem 7. Jahrhundert

Heiliger Berg „Gurla Mandatha" 7728 m

In nur 10 Minuten sind wir von Purang aus an einem Höhlenkloster angekommen, es heißt Korvor Gompa. Das Es stammt aus dem 7. Jahrhundert und war schon in vorbuddhistischer Zeit ein Kloster. Über den ganzen Berghang sind kleine Höhlen verteilt. Sie sind über Außentreppen oder Stiegen zu erreichen. Hier fühle ich noch den alten Herzschlag von Tibet. Von ehemals siebzig Mönchen leben jetzt noch drei hier.

Über Schotterpisten geht es mit dem Jeep weiter. Links und rechts der Piste erstreckt sich steppenähnliches Gelände. Nach anderthalb Stunden Fahrt stoppen die Jeeps. Es bietet sich uns ein atemberaubender Blick auf die *Gurla Mandatha mit ihren 7728 m, ein heiliger Berg und der Gegenpol zum Kailash.

Auf der Weiterfahrt erreichen wir den Gurla Pass auf 4590 Meter, unseren ersten Pass in Tibet. Der tiefblaue See Rakshyas auf 4470 Meter ist unser nächster Haltepunkt. Das Wasser zeigt ein traumhaftes Blau, nur vergleichbar mit wenigen Stellen, die ich vom Mittelmeer kenne. Von hier aus haben wir den ersten Blick auf den heiligen Berg "Kailash", dessen Gipfel noch mit Wolken verhangen ist. Vor vierzehn Tagen habe ich diesen Berg noch zu Hause in meinen Büchern bestaunt, und nun bin ich ihm so nah. Mein erster Wunschtraum hat sich erfüllt. Danke!

Weiter geht es vom Rakshyas See zum Manasarova See. Der See liegt in einer Höhe von 4560 Meter und ist somit der höchste Süßwassersee der Erde. Mit einer Fläche von 330 km² entspricht seine Ausdehnung ungefähr der Größe des Gardasees. Die Tiefe wird mit 80 Metern angegeben. Das Gebiet um den See gilt als eines der schönsten

Rakshyas See auf 4470 m Höhe

Unsere Zelte stehen auf 4560 m Höhe am Manasarovasee

Landschaftsregionen Tibets. Einst war der See von acht buddhistischen Klöstern umgeben, heute sind sechs der Klöster nach der Zerstörung wieder aufgebaut. Wir besichtigen hier zuerst das an der Nord-West-Seite auf einem Berg gelegene Kloster Chiu Gompa. Ein kleiner Teil ist alt und wurde nicht zerstört. Hier befindet sich das Heiligste, die Padhmasambava (tib. Guru Rinpotsche - der Lotosgeborene) Statue sowie sein Fußabdruck. Hier in diesem Kloster hat Padhmasambava meditiert und gelehrt, der Mönch, der die Tibeter zu Buddhisten machte. Wir finden in einem anderen, kleinen Raum sehr schöne Buddhastatuen und Wandmalereien. Hier habe ich gegen einen kleinen Obolus eine Butterlampe angezündet und an dich, Bärbel und die Jungs zu Hause, gedacht. Mir schießen die Tränen in die Augen, und ich spreche für unsere Familie in Gedanken ein Gebet.

Von der Gompa aus kann ich schon unsere Zelte am See stehen sehen. Schnell habe ich mein Zelt erreicht, sitze davor und schreibe in mein Tagebuch, den Blick auf den See, die Gomba und am Horizont den Kailash. Ich kann nur sagen, es ist wie ein Traum hier sitzen zu dürfen.

Ich habe gehört, dass es am See sehr schöne Steine gibt. Also mache ich mich auf, um danach zu suchen. Zwei Tibeterinnen stehen in ihren alten Trachten am See und füllen gerade das heilige Wasser in Plastikkanister ab. Unauffällig beobachten sie mich beim Steine suchen. Die Frauen stecken ihre Köpfe zusammen und tuscheln etwas. Dann schaut die Ältere von beiden zu mir herüber, legt etwas auf das Schilfgras am Uferrand und macht mich darauf aufmerksam. Mit ihren gefüllten Kanistern ziehen die Frauen weiter entlang des Sees und verschwinden

Sonnenaufgang am Manasarovasee

Unser Zelt

langsam in der Ferne. Neugierig gehe ich schnell zu dem Schilfgras hinüber, wo die Alte etwas hingelegt hat. Ich schaue genauer und muss lächeln, denn vor mir liegt ein hühnereigroßer, brauner, ganz glatter, wunderschöner Stein. Er wird mir Glück bringen, das weiß ich.

15. September 2006

Schlaftrunken vernehme ich am frühen Morgen die ach so vertrauten Worte: "Tea, with sugar or without sugar, with milk or without milk?" Ich wische mir den letzten Schlaf aus den Augen und schlüpfe aus dem Zelt.

Die Sonne   über dem See ist gerade im Begriff das Wasser zu verlassen und in den Horizont zu steigen. In die tief hängenden Wolken aus grauen und weißen Farbtönen kommen zuerst matte Silbertöne, die sich schnell in blendendes Weiß verwandeln. Ein gelber Schimmer stellt sich ein, der in Gold übergeht, orange Töne kommen hinzu und plötzlich beginnen alle Wolken zu leuchten. Schließlich steht die Sonne wie ein leuchtender Ballon über dem See. Solche Momente habe ich schon einige Male erlebt, aber das hier in dieser Stille und Einsamkeit übertrifft wohl alles.

Um 10 Uhr geht es mit den Jeeps weiter. Dorle, der es schon seit zwei Tagen schlecht geht, sie hat Durchfall und Erbrechen, ist wohl höhenkrank. Astrid und unser *Guide sind schon die ganze Zeit um sie bemüht. Dorle ist kreideweiß im Gesicht, ihr ist schwindelig, sie kann kaum alleine stehen. Wir sind in den Jeeps etwas zusammengerückt, damit sie in einem Wagen auf dem Vordersitz liegen kann. Mal sehen, wie es mit ihr weiter geht.

Ich habe in der letzten Nacht auch nicht gut geschlafen. Musste viermal zum Pinkeln aus dem Zelt, habe aber trotzdem immer weiter getrunken. Mir war es manchmal ein wenig komisch und auch schwindelig, ich kann es nicht so genau beschreiben. Wir schlafen ja zum ersten Mal auf fast 4600 m Höhe. Irgendwann in der Nacht habe ich meinen Kopf auf den Rucksack gelegt, damit er höher liegt. Siehe da, ich konnte besser schlafen, bis auf die Pinkelunterbrechungen.

Als ich am Frühstückstisch von meinen Schlafproblemen erzähle, meint Klaus nur: "Du musst dir deinen Kopf so hoch legen, wie es geht. Die Höhenbergsteiger, die sieben und achttausend Meter hohe Berge besteigen, schlafen in den Höhen im Sitzen." Klaus muss es ja wissen, er ist mit seinen 68 Jahren der Älteste in der Gruppe, wohl aber auch mit einigen Sechstausendern in Peru der Höhenerfahrenste von uns allen. Ich habe wieder mal etwas dazugelernt. Ab heute Nacht werde ich meinen Kopf so hoch legen, wie es nur eben geht.

Wir fahren in Richtung Darchen, einem kleinen Ort am Fuße des Kailash. Das Tal ist hier so ca. 20 Kilometer breit. Man kann das bei der klaren Luft nicht so genau schätzen, ganz anders als in Europa. Wir machen einen Autostop. Bis Darchen sind es nur ein paar Kilometer, dort wollen Astrid, ein Fahrer und unser Guide mit Dorle in das kleine Krankenhaus. Ihr geht es nach wie vor sehr schlecht, und wir sind in der Hochebene von Tibet mit

Yakhörner mit Gebetsmantras

Die Farbnouancen im Hochland sind nicht zu übertreffen

Thirtapuri am Sutlej Fluss (Elefantenfluss)

Gebetszeichen auf Yakhörner und Steinen

einer Durchschnittshöhe von 4500 Metern und werden langsam noch höher kommen.

Von unserem Haltepunkt an der Straße bietet sich ein traumhafter Blick auf die Gurla Mandhata, der Gipfel ist heute ganz wolkenlos. Hans und ich haben ausreichend Zeit für eine Zigarette. Rita, die Frau von Hans, stänkert bei jeder Zigarette, die Hans raucht. Hans ist froh, dass ich auch rauche und er nicht der Einzige mit diesem Laster ist. Ich mache mir schon einen Spaß aus unserer Raucherei, rauche sonst eigentlich weniger. Aber wenn Rita in der Nähe ist, muss ich Hans einfach eine Zigarette anbieten, nur um Ritas Kommentare zu hören. Ich glaube, sie hat auf mich schon einen "dicken Hals".

Nach einer Stunde ist unsere Krankeneskorte mit Dorle wieder zurück. Im Krankenhaus ist im Augenblick kein Arzt anwesend. Astrid und unser Guide beschließen, Dorle in das Krankenhaus in Purang zu bringen. Von dort aus muss dann ein Hubschrauberflug nach Kathmandu organisiert werden. Ein Fahrer und unser Guide sollen sie dorthin bringen und bei ihr bleiben. Hier werden die Kranken im Krankenhaus von ihren Angehörigen versorgt und nicht wie bei uns von Krankenschwestern oder Pflegern. Es tut uns allen sehr leid, dass Dorle die Reise nicht fortsetzen kann. Ich glaube, im Hinterkopf denkt jeder: "Es hätte auch mich treffen können."

Die Fahrt geht mit drei Autos weiter. Rita, Hans und ich sitzen auf dem Rücksitz, unser tibetischer Guide kommt zu uns ins Auto nach vorn. Zur rechten Seite haben wir jetzt den freien Blick auf den Kailash mit seiner ganzen Schönheit. Ich schaue während der Fahrt meinem

Traumberg bestimmt noch eine halbe Stunde nach, kann den Blick einfach nicht von ihm abwenden. Als er aus meinem Blickwinkel langsam verschwindet, verrenke ich mir fast den Hals, um ihn noch ein wenig zu sehen. Die Weite, die wir während unserer Fahrt hinter uns lassen, ist unendlich und kaum in Worte zu fassen.

Nach drei Stunden verlassen wir die Hauptpiste von Westtibet. Es geht nach Tirthapuri über einen wirklich abenteuerlichen Weg. Was die Autos hier aushalten müssen, ist schon gewaltig.

In Tirthapuri angekommen, schlagen wir unsere Zelte am Fluss auf. Tirthapuri ist für seine heißen Quellen bekannt. Der Ort liegt westlich vom Kailash, am rechten Ufer des Sutlej Flusses (Elefantenfluss) und ist nach dem Manasarovasee und dem Berg Kailash der wichtigste Pilgerort von Westtibet. In Tirthapuri befindet sich eine der heiligsten Statten Westtibets. Die Meditationshöhle von Padmasambhava und seiner Gefährtin Yeshe Tsogyel. Dieses Kloster wurde über der Meditationshöhle erbaut.

Nach dem Mittagessen unter einem strahlendblauen Himmel steigen wir zum Kloster auf. Bevor wir das Kloster besichtigen, umschreiten wir andächtig die innere Kora (heiliger Rundweg) des Klosters. Zum Bestattungsberg (Bestattungshügel) dürfen wir nach dem neuen Gesetz nicht mehr hinauf. Hier findet die Luftbestattung der Toten statt. Die Leichen werden zerstückelt und an die Geier verfüttert. In Tibet ist die Erde sieben bis acht Monate im Jahr tief gefroren, und Holz zum Verbrennen der Leichen gibt es nicht. Bleibt also nur die Luftbestattung.

Zurück auf unserem Zeltplatz trinke ich eine Tasse Tee, *"Buttertee", meine erste. Unsere Küchenmannschaft hat ihn gekocht. Ich habe schon viel darüber gehört und gelesen. Für Europäer ist dieser Tee sehr gewöhnungsbedürftig, aber mir schmeckt er. "Nein, wirklich nicht schlecht", kann ich nur sagen. Er wurde wahrscheinlich auch nicht mit ranziger Butter zubereitet und wohl auch nur mit einer Prise Salz. Ich habe schon von anderen Reisenden gehört, die sofort nach dem ersten Schluck alles wieder im hohen Bogen ausgespuckt haben oder im schlimmsten Fall hat sich ihnen der Magen nach außen gedreht. Nach diesem leckeren Tee ist mir nach einer kleinen Ruhepause zumute, na, dann lege ich mich mal ein wenig hin. Ich denke wieder an Bärbel: "Gern würde ich dir eine Nachricht zukommen lassen, aber es gibt hier nirgendwo eine Möglichkeit".

16. September 2006

Heute haben wir eine nur kleine Fahrstrecke vor uns. Von unserem schönen Zeltplatz am Fluss des Thirtapuri geht es um 10 Uhr los.

Wir fahren auf Wegen, die jeder Beschreibung spotten. Es wird an allen Ecken an der sogenannten "Hauptstraße" in Westtibet gebaut, an neuen Brücken und Unterführungen. Unterführungen für das Wasser, das zur Schneeschmelze von den Bergen schießt und große Teile der Straße und ihrer Böschung wegspült. An jeder Baustelle müssen wir die Piste verlassen und durch die zum Teil sehr unwegsame Landschaft fahren. Es geht dann durch kleine

Flüsse, Bäche und tiefe, schlammige Löcher. Unsere Autos stecken bis jetzt alles gut weg. Endlos ziehen sich die Serpentinen zum ersten Fünftausender-Pass (Tatang) hoch. Kaum sind wir wieder auf 4400 m runter, geht es schon wieder auf 4900 m rauf. Das Land ist von einer sagenhaften Weite. Eine schöne Wiese mit einem Bachlauf, ein paar Meter weit von der Straße gelegen, ist für zwei Tage unser Lagerplatz auf 4700 m.

Morgen starten wir von hier aus zu einem Tagesausflug nach Tholing und Tsaparang in das alte Königreich Guge. Nach dem Zeltaufbau sitzen wir alle zusammen bei einer Tasse dampfendem, heißem Tee in der Sonne. Wir haben ein Thermometer aufgestellt, es sind 38° Celsius. Im Schatten ist es kalt, und sobald die Sonne weg ist, ist es schweinekalt. Nachts Frost bis minus 5°. Ich habe mir einen schönen Schnupfen eingefangen, liegt wohl auch an diesen extremen Temperaturschwankungen. Mein Schnupfen verursacht leichten Kopfschmerz, beim Luftholen habe ich Schwierigkeiten. Ich will hoffen, dass ich in zwei Tagen fit bin, wenn wir die *Kora um den Kailash laufen wollen.

Gerade erfahre ich von Astrid, dass wir vielleicht morgen in Tholing telefonieren können. Sie muss ja auch mit ihrer Reiseagentur in Kathmandu sprechen, mit unserem Guide im Krankenhaus von Purang Kontakt aufnehmen, sich nach dem Zustand von Dorle erkundigen und abklären, wie es mit ihr weiter geht.

Ja, telefonieren ist hier nicht so einfach wie bei uns zu Hause, wo jeder ein Handy mit sich in der Tasche herum schleppt. Hat halt alles seine Vor- und Nachteile. Im Notfall ist gegen eine gute Handy-Verbindung auch von meiner Seite aus nichts einzuwenden, aber ansonsten kann ich darauf gerne verzichten. Vor unserem "großen" Handy-Zeitalter ist auch alles gelaufen, und das ist noch nicht allzu lange her. Unsere Verabredungen haben ohne Telefon und ohne Handy auch geklappt. Na ja, sollte sich also morgen in Tholing die Möglichkeit ergeben mit Bärbel Kontakt aufzunehmen, würde ich mich schon sehr freuen. Ich muss viel an sie denken.

Wenn du dich hier auf 4700 Meter zu schnell bewegst, bekommst du die Höhe schon zu spüren. Man muss sich immer wieder sagen: "langsam, langsam".

17. September 2006

Um 6.30 Wecken. Gestern Abend hatte ich wieder einen gewaltigen Durchfall. Als Nachtisch gab es Apfel im Schlafrock. Habe davon wohl zu viel gegessen. Leider ist es fast immer so, wenn mir etwas sehr gut schmeckt, bekomme ich nicht genug davon. Die noch warmen Äpfel waren so lecker. "Hoffentlich geht das gut", dachte ich schon beim Essen. Die dicke, besser gesagt die dünne Rechnung folgte auf dem Fuß. Ein Rumpeln und Pumpeln im Magen begann, als ich mich gerade in den Schlafsack verkrochen hatte. "Ich muss ganz eilig raus aus dem Sack und aus dem Zelt", dachte ich und rief: "Bernd, gib mir bloß schnell Toilettenpapier." Der kalte Schweiß stand mir schon auf der Stirn. Ich bekam den Reißverschluss vom Zelt nicht so schnell auf, wie es nötig war. Scheiße, im wahrsten Sinne des Wortes, aber letztendlich habe ich es

In über 50 km Entfernung die Natha Devi mit 7880 m Höhe

Traumhafter Blick in den Canyon

geschafft. *Bernd wirft mir noch eine Rolle Toilettenpapier hinterher. Da stand ich nun draußen vor dem Zelt mit der feucht-warmen Bescherung. Ich zog mich komplett aus und rannte wie ein Flitzer zum Klozelt. Mein Magen und Darm entleerten sich komplett. Im Schein der Stirnlampe ging ich danach völlig geschafft zum nahen Bach, setzte mich auf einen großen Stein und fing an, mich zu reinigen. Natürlich bin ich "unterhalb" des Küchenzeltes ins Wasser gestiegen.*

Die Eiseskälte des Wassers spürte ich in diesem Moment nicht. Hätte die Gruppe mich so gesehen, sie hätten bestimmt alle darüber bis zum letzten Reisetag gespottet. Am Bach wusch ich noch meine lange Unterhose aus und opferte die andere der Natur. Pilger geben ihr Opfer im Kloster ab, ich in der freien Natur. Nach dieser peinlichen Anstrengung schlich ich wie ein Dieb zum Zelt zurück und kroch völlig leer in meinen Schlafsack, wo ich bemerkte, wie eiskalt mein Körper war. Ob das meiner Erkältung gut tat? Magen und Darm waren nun leer, aber zur Vorsicht nahm ich noch zwei Blocker gegen Durchfall ein.

Zum Frühstück nehme ich vorsichtshalber nur trockenes Brot und Tee zu mir, es geht noch im Dunklen los. Nach einer Stunde Fahrt erreichen wir den Rand eines riesigen Canyons, und wir machen einen kurzen Stop. In der Ferne, es sind bestimmt fünfzig Kilometer, sieht aber viel näher aus, über den Bergen von Ladakh (Indien), in der Mitte die Nantha Devi 7880 m, geht die Sonne auf. Die Zacken der Bergkette beginnen zu leuchten. Die Sonne, die noch nicht zu sehen ist, streift mit ihrem Licht einen Grat der Nantha Devi, die wie eine Pyramide die anderen

Berge überragt. Es ist kein Wölkchen am Himmel, der langsam blauer und blauer wird. Unsere Gruppe sitzt schweigend da. Was sollen wir in solch einem Augenblick der Glückseligkeit noch reden? Und dann ist die Sonne da, so, als würde dort drüben über der Bergkette, ein Feuer ausbrechen und sich Sekunde für Sekunde vergrößern. Schon nach wenigen Augenblicken nimmt dieses Feuer Form und Gestalt an, bogenförmig wächst es aus dem gezackten Horizont, wird zur Halbkugel, ergießt sein Licht über Gipfel, Grate und Gletscher. Schließlich erhebt sie sich wie ein leuchtender Ball über der Landschaft. Die Sonne!

Wir fahren hinunter in den Canyon, und es zeigen sich unglaubliche Bilder. Eingebettet in die schöne, zerklüftete Canyonlandschaft des Sutley-Flusses liegen die neunhundert Jahre alten Ruinen von Tholing und Tsaparang, einst blühendes Zentrum des ehemaligen Königreiches Guge.

Tsaparang wurde Mitte des 17. Jahrhunderts verlassen, während Tholing bis in die 60er Jahre religiöses Zentrum blieb. Trotz Kulturrevolution sind glücklicherweise einige Bauten und Tempel erhalten geblieben. Wir fahren nach Tsaparang, dem ältesten Zentrum des Königreiches Guge. Drei Tempel gruppieren sich um die unteren Festungsmauern. Die Tempel sind zum Teil wieder neu aufgebaut worden. An den Statuen kann man die damalige Zerstörung noch gut erkennen. Hier haben die Chinesen ganze Arbeit geleistet, Kunstwerke von unschätzbarem Wert wurden zerstört. Man hätte die ganze Chinesen-Bande aufhängen sollen. Teilweise gut erhaltene Wandgemälde mit zahlreichen Details schmücken die Wände.

Tsaparang im ehemaligen Königreich Guge

„Kailash" - Mittelpunkt der Erde mit Festplatz Tarboche

Gebete und Meditation in Farbe und Form lassen die einstige Größe dieser Anlage noch erahnen. Wir steigen die vielen Treppen, ca. 180 Meter, zu den Überresten des einstigen Sommerpalastes der Könige auf. Eine sehr schweißtreibende Angelegenheit bei wenigstens fünfunddreißig Grad in der Mittagssonne. Einige aus unserer Gruppe schenken sich diese Anstrengung und sitzen unten im Schatten.

Oben angekommen bietet sich uns ein grandioser Ausblick. Die ganze Anlage muss wohl einmal unglaubliche Ausmaße gehabt haben. Weit schweift mein Blick von hier aus in den Canyon. Der Winterpalast geht über viele Stufen bis zu sechzig Meter tief in den Berg hinein. Da wir keine Taschen- oder Stirnlampen bei uns haben, wäre es zu gefährlich hinab zu steigen. Wie schnell könnte man sich in der Dunkelheit einen Fuß vertreten und die weitere Tour wäre in Frage gestellt. Der ganze Berg muss durchhöhlt sein wie ein Schweizer Käse.

Mit den Autos sind wir wieder nach Tholing gefahren, und ich telefoniere mit Bärbel. Ich freue mich, sie zu hören.

Zum Schluss besuchen wir dann noch ein Kloster in Tholing. Auch hier war fast alles zerstört und ist von einer Schweizer Gruppe mit viel Geld und Aufwand restauriert worden.

Nun sind wir wieder auf unserem Lagerplatz und waren alles in allem dreizehn Stunden unterwegs. Dieser Tag war sehr anstrengend durch die vielen neuen Sehenswürdigkeiten und Eindrücke sowie die Hitze. Meine Erkältung wird nicht besser, vielleicht auch wegen des *nächtlichen Badens im Bach. Die Gedanken drehen sich vor dem Einschlafen schon um die Kora am Kailash. Hoffentlich geht alles gut, hoffentlich bekomme ich mit der Höhe keine Probleme.*

18. September 2006

Nach sieben Stunden Fahrt wieder zurück in Richtung Osten über das weite Hochland von Tibet kommen wir in Darchen auf 4800 Meter an. Hier ist der Ausgangspunkt der Kailash-Umrundung (Skt. Barikama). Hindus-, Buddhisten-, Jainas- und Bönanhänger betrachten den 6714 m hohen Kailash als heiligsten Berg der Welt. Er gilt als Achse des Kosmos, an der die vier großen Flüsse Indus, Bramaputra, Sutlej sowie Karnali entspringen und in die vier Himmelsrichtungen fließen. Der Ort besteht aus wenigen Steinhäusern, die sechs Kilometer nördlich der Hauptstraße liegen. Wir fahren zu einem Gästehaus, es wirkt nicht gerade einladend, und jeder von uns denkt wohl schon mit Schrecken daran, was uns hier erwartet. Nach einer halben Stunde des Wartens stellt sich zum Glück heraus: Alles brechend voll, für uns gibt es keine Zimmer. Wir können hier - Gott sei Dank - nicht übernachten. Die Genehmigung wird uns erteilt, unterhalb des großen Festplatzes (Tarboche) am Lhashu (Götterfluss) unsere Zelte aufzuschlagen. Auf dem Festplatz findet am 17. Tag im Mai das große "Saga Dawa - Fest" statt. Gefeiert wird der Geburtstag des Buddha, von Tibetern "Saga Dawa", Frühlingsmonat, genannt.

Oberhalb dieses Festplatzes liegt der Luftbestattungsort. Der größte und bedeutendste dieser Region in Tibet. Wenn Pilger während der Kora sterben und hier bestattet werden müssen, ist dies für sie eine besondere Voraussetzung für eine günstige Wiedergeburt.

Nach dem Aufbau unserer Zelte geht es ans "Eingemachte", unser Gepäck. Wir müssen abspecken für die nächsten drei Tage. Immer zwei Leute teilen sich dann eine Tasche. Wir haben nicht so viele Lasttiere, Yaks. Bernd ist bei dieser Umpackerei wieder mal in seinem Element. "Rein, raus, muss mit, bleibt hier - oder muss doch mit?" Die ganze Packaktion ist wirklich filmreif, aber nach einer Stunde ist es dann doch geschafft. Ich muss zugeben, dass ich mich diesmal beim Umpacken auch sehr schwer getan habe, wusste nicht so recht, was nicht gebraucht wird und was ich hier lassen soll. Jetzt sitze ich vor dem Zelt und blicke genau auf die Spitze des Kailash. Dieser Augenblick der absoluten Glückseligkeit ist nicht in Worte zu fassen und wird für immer in meinem Gedächtnis haften bleiben. Wenn es nicht schon langsam dunkel würde, könnte ich noch stundenlang hier sitzen und schauen.

Ich hoffe gut zu schlafen und auf ein gutes Gelingen für die morgen beginnende Kora.

19. September 2006

8 Uhr Wecken. Was für eine Überraschung, es schneit - schöner, nasser Schnee. Wir sind hier auf 4600 Meter,

Beginn der Kora am Götterfluss Lhachu

Sich niederwerfende Tibeterin auf dem Weg der Kora

Der Kailash

Blick vom Kloster
Drira Phug
auf 5050 m Höhe

was wird sein, wenn wir noch über 1000 Meter höher sind? Nach dem Frühstück lässt der Schneefall etwas nach. Wir bauen die Zelte ab. Unsere Yaks sind noch nicht da, und wir steigen auf der gegenüber liegenden Seite des Zeltplatzes zum Kloster Chuku Gompa auf.

In diesem Kloster wird die lokale Schutzgöttin der Kailaschregion, Gonkhang Khangi Lhatsen, verehrt. Im Lhakhang des Klosters sieht man einige Statuen und silberne *Stupas, die religiösen Verehrungsobjekte, die nach der Zerstörung der Kulturrevolution aus den ehemals fünf (drei sind heute wieder aufgebaut) Kailashklöstern übrig blieben. Im Zentrum des Klosters thront eine Statue des hochverehrten Chuku Rinpoche, der das Kloster im 16. Jahrhundert gründete.

Ich zünde im Gebets- und Versammlungsraum eine Butterlampe an und spreche ein Gebet für ein gutes Gelingen der Kora. Nach dem Abstieg reißen die Wolken ein wenig auf. Über dem Kailash ist die Sonne ein paar Mal kurz zu sehen. Unsere Yaks kommen und werden mit unserem Gepäck beladen. Es sind ein paar wunderschöne Tiere dabei, auch ein schneeweißer Yak. Er bekommt die Erste-Hilfe-Koffer geschultert, also ist er ab jetzt unser Medizin-Yak. Wir gehen los.

Die Kailashumrundung findet normalerweise im Uhrzeigersinn statt. Pilger, die uns entgegen kommen, sind Anhänger der vorbuddhistischen Bön-Religion. Am Kailash wurde der Sage nach der Wettkampf zwischen Milarepa und seinem Bönkontrahenten Nora Bönchung zu Gunsten von Milarapa und damit des Buddhismus entschieden. (Auf dem ersten Sonnenstrahl sitzend überholte Milarepa bei einem Wettrennen zum Kailash-Gipfel den auf seiner Trommel reitenden Nora Bönchung. Dieser ließ vor Schreck seine Trommel fallen. Beim Absturz schlug sie eine tiefe Kerbe in den Berg, die noch heute an der Südseite zu sehen ist.) Wir durchschreiten ein Tal, das vom Lhachu, dem Götterfluss, geformt wurde. Nach einer Stunde kommt die Sonne ganz heraus, und ich ziehe meine Jacke aus. Der Blick auf die Westseite des Kailash wird immer gewaltiger, der Berg ist zum Greifen nah. Der Weg zieht sich unendlich, aber nicht allzu steil, immer bergan. Wir überholen einige Pilger, welche die gesamte Kora, 53 km, mit ihrer Körperlänge abmessen. Das heißt, sie legen sich der Länge nach zu Boden, stehen auf, gehen so viele Schritte bis zu dem Punkt, wo ihr Kopf gelegen hat und legen sich erneut wieder hin.

Die tiefe Gläubigkeit dieser Menschen ist kaum zu beschreiben. Ebenso die Freundlichkeit und das Lächeln, das sie ausstrahlen. Kaum einer der Pilger geht ohne einen Gruß "Taschi Delle" an mir vorbei.

Bei Chaktsal Gang, in 4890 Meter Höhe, machen wir in einem Teehaus eine Pause. Hier stehen zwei große Zelte links und rechts vom Pilgerweg. Im Inneren der Zelte ist es gemütlich und warm. Auf den beiden Öfen, die mit Yakdunk beheizt werden, stehen riesige Töpfe mit Wasser für Tee. Grüner Tee ist nicht so unbedingt nach meinem Geschmack, und Buttertee, hier vielleicht mit ranziger Butter und viel Salz zubereitet, muss auch nicht sein. Ich entscheide mich für eine Cola, die gibt es hier auch.

Nach einer halben Stunde Aufenthalt geht es weiter. Wir sind hier auf der Nord-West-Seite des Kailash, dem Berg *mit seinen 6714 Metern ganz nah. Gewaltige Bilder! Kleine Wasserfälle stürzen überall zu Tal.*

*Nach einer weiteren Stunde überqueren wir den Fluss auf die linke Seite hinüber und steigen zum Kloster Drira Phug in 5050 Meter auf. Hier befindet sich die Höhle des Drirind-Hornes, in der sich eine Statue des Kagyupa-Lama Götsang Räpa befindet, dem Entdecker dieses Umrundungsweges. Mein neuer Höhenrekord zu Fuß. Auch hier im Kloster ist alles neu und restauriert. Unterhalb des Klosters stehen eine Reihe von *Chörten. Von hier aus haben wir einen gewaltigen Blick auf die Nordseite des Kailash, und ich mache eine ganze Reihe von Bildern.*

Unterhalb des Klosters, auf 5000 Meter, bauen wir unsere Zelte auf. Jetzt, beim Schreiben im Zelt, merke ich, dass der sechsstündige Aufstieg doch nicht spurlos an mir vorüber gegangen ist. Ich bin ganz schön kaputt.

Während des Aufstiegs habe ich sehr viel an dich gedacht, Bärbel. Ich habe mir vorgestellt, wie wir am Kachelofen sitzen, dann vielleicht zusammen malen oder Holzarbeiten für Weihnachten anfertigen oder unsere kaputten kleinen „Männchen" (Räuchermännchen) reparieren.

Hier in der Höhe und der gewaltigen Weite bist du mir so nah. Ich kann mit dir reden, als ob du vor mir stehen würdest. Macht die Höhe vielleicht doch den Blick für eine andere Dimension frei?

Vielleicht ist die Reise und die Kora wirklich eine Reise ins Innere. Ich liebe dich, Bärbel.

Unsere Transport-Yaks

Tibeter auf der „Kora"

20. September 2006

6 Uhr Wecken, der zweite Teil der Kora. Es schneit wieder, zehn Zentimeter Neuschnee. Im Schneetreiben und im Schein der Stirnlampen werden die Zelte abgebaut. Nach dem Frühstück geht es um 8 Uhr los. Es ist noch nicht ganz hell, der Schneefall hat etwas nachgelassen. Es geht zuerst über den Fluss und dann in steilen Kehren aufwärts. Nach einer Stunde und 150 Höhenmetern eine Trinkpause. Bernd, mein Zeltkollege, ist schneeweiß im Gesicht. Ich habe das Gefühl, er fällt gleich um. Er hat arge Atemprobleme. Er ist das erste Stück wohl zu schnell angegangen. Auch ich merke die Höhe, und mir gehen beim Laufen tausend Geschichten durch den Kopf. Ich hege immer mehr Bewunderung für die Höhenbergsteiger, die 7000 bis 8000 Meter hohe Berge erklimmen - und dann noch ohne Sauerstoff. In Höhen von 4000 Meter hat die Luft nur noch die Hälfte an Sauerstoff. *Messner hat alle Achttausender, vierzehn an der Zahl, ohne Sauerstoff bestiegen. Noch größer sind für mich aber noch die Leistungen aus den 50er Jahren zu bewerten. Angefangen 1953 am *Everest, aber mit Sauerstoff. Zwei Wochen später der Alleingang von *Hermann Buhl am *Nanga Parbat (Nackter Berg) ohne Sauerstoff. Die größte Leistung seiner Zeit, viel höher zu bewerten als der Everest. Die Ausrüstung ist ja mit heute gar nicht zu vergleichen.

Es geht weiter, und das Gelände wird langsam flacher. Ich komme in Tritt. Tibeter laufen im Eilschritt an mir vorbei. Sie haben bestimmt die doppelte Geschwindigkeit. Ein Pilger, sehr hager, ich schätze ihn auf über 60 Jahre, das

Alter kann man bei Tibetern sehr schlecht schätzen, fängt vor mir an zu tanzen und lacht dabei über das ganze Gesicht. "Taschi-Delle, Taschi-Delle," grüßt er mich. Seine Fröhlichkeit hat mich angesteckt, und auch ich muss lachen und fühle mich gleich richtig gut. Die Höhe macht mir auf einmal nichts mehr aus, die Beine werden mir ganz leicht, ich habe das Gefühl getragen zu werden. Vier Mann unserer Gruppe sind vor mir, der Rest weit hinter mir. Ich gehe allein und habe meinen Schritt gefunden.

Die Gedanken schweifen dahin, das Gelände wird nun wieder steiler. Ich bin beim Leichenacker "Shiva Tsan", dem Ort, der in den Bardo der Wiedergeburt führt. Im Bewusstsein, hier dem Totenrichter "Yama" mit der Waage und dem Spiegel zu begegnen, lassen Gläubige Haarsträhnen oder Kleidungsstücke als Opfergaben zurück. Um wiedergeboren zu werden, müssen die Gläubigen sich ihre Sünden bewusst machen und symbolisch sterben. Die Felsen und der umliegende Boden sind mit Opfergaben übersät.

Es ist für mich absolut sehr wichtig in der immer dünner werdenden Luft mein eigenes Tempo zu behalten. Wir machen eine Trinkpause und warten bis die Gruppe wieder zusammen ist. Die Yaks, die unser großes Gepäck tragen, ziehen trottend an uns vorbei. Der Weg wird nun noch steiler und zieht sich zum *Dölma La auf 5663 Meter hoch. Bis zur Passhöhe sind es vielleicht noch 100 Höhenmeter. Die Luft wird immer dünner, ich muss ein paar Mal stehen bleiben. Bei meiner letzten Pause kann ich den Mast auf der Passhöhe schon sehen, der mit Abertausenden Gebetsfahnen behängt ist.

Mast auf dem Pass Dölma La auf 5663 m Höhe

„Unendlich glücklich"

Wir hängen Gebetsfahnen auf

Heilige Schriften im Kloster Zutul Phuk

Ich bin als Fünfter unserer Gruppe oben. Der riesige Mast mit Gebetsfahnen, Steintürmen, Yakhörnern und Schafschulterblättern ziert die Passhöhe. Die Tränen schießen mir in die Augen, ich bin überwältigt. Als schließlich alle unserer Gruppe oben sind, fallen wir uns in die Arme. Pilger schmieren Butter auf den mächtigen Felsblock, in dem die Göttin Dölma verschwunden sein soll, umwandern ihn, murmeln heilige Texte und Matras. Wieder opfern sie etwas von ihrer Habe oder ihrer Person. Mit Hilfe der Göttin Dölma sind nun Fehler gebüßt und überwunden, vor den Gläubigen liegt ein neues Leben.

Auch wir hängen nach der ersten kleinen Verschnaufpause viele Gebetsfahnen auf. Von unserer Gruppe werden sehr viele Fotos gemacht. Ich rufe alle zusammen, das Reden fällt mir in der Höhe schwer, und ich bin auch noch sehr überwältigt, es wirklich geschafft zu haben und hier oben zu stehen. Immer wieder rollen mir die Tränen übers Gesicht, gut, dass ich die Sonnenbrille aufhabe. Wir fassen uns alle an den Händen. Ich bitte jeden, für sich in der Stille eine Minute zu schweigen und auch an Dorle zu denken, die leider diesen Augenblick nicht miterleben kann. Den meisten stehen Tränen in den Augen. Astrid kommt zu mir und fällt mir um den Hals. "Danke", sagt sie, sehr ergriffen und ebenfalls mit Tränen in den Augen. Viele Worte braucht es nicht in solch einem Augenblick.

Ich steige etwas höher, mitten in das Meer der Gebetsfahnen, dorthin, wo ich ganz alleine für mich sein kann. Ich setze mich auf einen großen Stein, es ist auf einmal ganz still um mich. Ich spreche ein Gebet für unsere Familie. Ich spreche ganz laut, habe das Gefühl zu schreien, meine Stimme wird von meinem Gehör aber als leises

Flüstern wahrgenommen. "Ist hier alles anders an diesem heiligen Ort?" denke ich und bekomme eine Gänsehaut. "Bärbel, ich habe dich mit in ein neues Leben, mit hinüber genommen. Ein Leben mit noch mehr Achtung und Rücksichtnahme für den anderen. Ich bin dir und unseren vier Jungen noch nie so nahe gewesen. Das Lederarmband, das du mir vor vier Jahren geflochten hast, immer von mir getragen, reiße ich vom Handgelenk und werfe es in den Himmel - meine Opfergabe. Ich lasse es für uns zwischen den Gebetsfahnen am Dölma La. Ein unendliches Glücksgefühl durchströmt mich. Ich spüre die Kraft dieses heiligen Ortes."

Der Abstieg ist am Anfang sehr steil, zwischen großem Blockgestein geht es bis zum See Thugje Cempo (der See der großen Barmherzigkeit). Vor allem indische Pilger lassen es sich nicht nehmen, hier, trotz eisiger Kälte, ein rituelles Bad der Reinigung zu zelebrieren. Ich habe keine Probleme beim Abstieg, habe wieder das Gefühl getragen zu werden.

Nach zwei Stunden machen wir Rast in einem Teehaus. Zelte mit einem Ofen in der Mitte. Wir befinden uns jetzt im östlichen Kailash Tal. Das Tal wird immer breiter, das Gelände wird von Schritt zu Schritt flacher. Endlos kommt mir dieser Weg, dieses Tal, vor. Nach zehn Stunden sehe ich endlich in der Ferne unsere Zelte. Sie stehen beim Kloster Zutul Phuk in 4835 Meter Höhe.

Als wir bei den Zelten ankommen, spüre ich keinerlei Erschöpfung oder Müdigkeit. Ein ganz großer Tag in meinem Leben findet seinen Abschluss. "Danke!"

Weiße Yaks sind selten

Heiliger Ort zwischen Kailash und Manasarova See

21. September 2006

Wecken um 8.00 Uhr. Der letzte Teil der Kora steht uns bevor. Wir gehen um 10 Uhr los, ein kleines Stück aufwärts zum Kloster Zutul Phuk. Hier befindet sich die Höhle der magischen Wundertaten. Es ist der Ort, an dem Milarepa, Tibets großer Yogi, einst mit Naro Bönchung den Wettstreit vereinbarte, wer von beiden die Spitze des Kailash zuerst erreichen würde. Die Höhle, in der Milarepa einst meditierte, bildet das religiöse Zentrum des Klosters. Wir dürfen im Kloster fotografieren, in der Meditations-höhle nicht.

Nach drei Stunden Gehzeit mit einem ständigen, leichten Auf und Ab wird das Tal saftig grün. Einige Blumen recken sich der Sonne entgegen, und das Gebirge spielt mit Farben: Brombeere, orange, dunkelrot und ein mattes, metallisch wirkendes grün. Wir kommen bei einigen Häusern an, wo unsere Autos schon auf uns warten.

Wir haben nun die Kora beendet, die äußere Umrundung. Eine einmalige Umrundung erlöst von den Sünden des Lebens. Demjenigen, der die äußere Umrundung 13 Mal gegangen ist, steht das Herz der Kailash Region, die innere Kora, offen. Die magische Zahl von 108 Umrundungen führt direkt zur Erleuchtung.

Nach einem rührenden Abschied von den Besitzern und Treibern der Yaks, die uns bis hierhin begleitet haben, besteigen wir die Autos und fahren in einer Stunde zum Manasarova See. An der Nordseite bauen wir am Ufer auf einer schönen Wiese in 4560 Meter unsere Zelte auf. Während der kurzen Fahrt hatten wir in einem kleinen Dorf *nahe des Sees Gelegenheit zu telefonieren. Ich habe Bärbel angerufen, aber leider keinen erreicht und auf den Anrufbeantworter gesprochen. Ortszeit in Deutschland 8.30 Uhr. Auch wenn ich dich nicht persönlich erreicht habe, auch ohne viele Worte: "Bärbel, ich bin in Gedanken bei dir."*

Ich fühle mich, von der Erkältung mal abgesehen, sehr wohl. Nach einem heißen Tee und einer guten Zigarette mache ich eine kleine Wanderung zum See. Astrid, Rita und Hans kommen mit zum Wasser. Astrid möchte baden, Rita und Hans wollen sich mal gründlich waschen. Ich habe ganz bestimmt nichts gegen Baden und Waschen, aber bei 7° - 8° Wassertemperatur müffel ich lieber weiter vor mich hin. Die anderen riechen auch nicht besser. Es ist nur gut, dass wir das untereinander gar nicht so stark merken. Ich gehe in östlicher Richtung am See entlang, setze mich nach einer halben Stunde auf eine große Sanddüne und genieße die Stille mit einem grandiosen Blick über den See mit seinen tief hängenden Wolken. Am Horizont, wo die Schneeberge bis ans Ufer reichen, küssen einige Wolken das Wasser. Zufrieden mit ein paar schönen Steinen in der Tasche, aus einem werde ich für Bärbel einen schönen Anhänger machen lassen, kehre ich zu den Zelten zurück.

22. September 2006

8 Uhr Wecken, nach dem Zeltabbau ein gutes Frühstück im Freien. Die Sonne lacht vom Himmel und wärmt schon mit ihren Strahlen.

Um 10 Uhr Abfahrt vom Manasarova See. Werde ich hier noch einmal hinkommen?

Während der Fahrt schweifen meine Gedanken zurück. Zurück zu den letzten drei so ereignisreichen Tagen. Zurück zur Kora, mit ihren unvergleichlichen Eindrücken und den Menschen, die mir begegnet sind. Alte und junge Tibeter mit ihren durchfurchten, faltigen Gesichtszügen, mit von der Sonne dunkelbraun gebrannter Haut, den zum Teil dichten, verfilzten Haaren. Mit ihrem freundlichen Lächeln, einem Lächeln, das ansteckt zurück zu lächeln und teilhaben lässt an ihrer Fröhlichkeit. Dem Dölma La mit seinem Höhepunkt, seinem bei mir hinterlassenen Glücksgefühl. Der tiefblaue Manasarova See mit seinen schneebedeckten Bergen, die bis an die Ufer reichen. Dem unvergleichbaren Sonnenaufgang über dem See in 4582 m Höhe. Gedanken, Gedanken, Gedanken...

Die Fahrt geht über die unendliche Weite des tibetischen Hochlandes. Raum ist so schwer zu beschreiben wie Entfernung. Es fehlen mir die Worte, um eine Vorstellung von der unermesslichen Weite Tibets zu vermitteln. Nach 1½ Stunden Fahrt ist der Maium La Pass mit seinen 5280 Metern erreicht, der höchste auf dem Weg nach Lhasa.

Die Piste, von Straße kann man nicht reden, geht so einigermaßen, jedoch wirbelt Staub ohne Ende auf. Wir fahren in einem Abstand von 100 m und müssen mit unseren Jeeps manchmal anhalten. Die Sicht in den Staubwolken ist gleich Null, wie in einer dichten Nebelbank. Am Rand der Piste und in großer Entfernung sind viele Nomadenzelte zu sehen. Nomadenzelte, schwarz gewebt aus Yakwolle. Wir fahren vorbei an riesigen

Schafs- und Yakherden mit mehr als 1000 Stück Vieh.

Nach sechs Stunden Fahrt schlagen wir unsere Zelte etwas abseits der Straße auf. An unserem Zeltplatz liegen mehrere kleine Seen. In einiger Entfernung türmen sich riesige Sanddünen auf, bestimmt über 30 Meter hoch. Vor dem Zelt sitzend, eine heiße Tasse Nepali Tee mit Milch in der Hand, schweift mein Blick über eine riesige Bergkette, schneebedeckte Siebentausender. Sie liegen schon in Nepal. Die Entfernungen in der klaren Luft lassen sich schwer schätzen, aber ich denke, es sind bestimmt hundert Kilometer. Ich räume meine Tasche in das Zelt und werde mich eine Stunde aufs Ohr legen. Um 20 Uhr gibt es Abendessen. Beim Einnicken muss ich noch an unsere Mittagspause in einem tibetischen Teehaus an der Straße denken. In der Mitte des Gästehauses steht immer der kleine Ofen, der mit Yakdunk beheizt wird und eine wohlige Wärme verbreitet. Die Tibeter, die solche Gasthäuser betreiben, leben eigentlich in zwei Welten. Zum einen der alten tibetischen Kultur und Lebensweise noch sehr verbunden, zum anderen ist das 3. Jahrtausend schon mit riesigen Schritten zu ihnen geeilt und hat schon an ihre Türe geklopft. In den letzten fünfzig Jahren sind einige Jahrhunderte übersprungen worden. Ein Sprung aus dem späten Mittelalter in die Neuzeit. Wie wird die junge tibetische Generation wohl in Zukunft leben? Wird in fünfzig Jahren von dem Alten noch etwas übrig sein? Werden sich die Jungen noch an ihre Traditionen erinnern?

Aber dann ändern sich meine Gedanken, und ein Grinsen legt sich über mein Gesicht. Ich denke an meine Künste und meine Geschicklichkeit, wie ich mit Stäbchen den

Nudeleintopf verzehrt habe, der sehr reichhaltig war und nicke dabei ein.

Unser vorletztes Abendessen im Zelt war wieder einmal sehr, sehr gut. Erst Suppe mit Kroepoek, Kartoffeln, Reis und Nudeln zur Auswahl, dazu Hammelfleisch, Curryhuhn oder Rindfleischstreifen in scharfer Soße. Gemischtes Gemüse, gedünstet, Blumenkohl und noch eine Schüssel mit grünem Salat. Als Nachtisch zwei verschiedene Buttercreme-Torten. Die Torten werden in Töpfen auf unseren einfachen Feuerstellen hergestellt. Es ist schon toll, was die Küchenmannschaft so alles zaubert seit wir mit den Jeeps oder zu Fuß unterwegs sind. Aber heute haben sie sich wieder einmal selbst übertroffen. Hammel oder Lamm ist mein absolutes Lieblingsfleisch. Goldgelbe Kartoffeln und zum Nachtisch zwei dicke Stücke von der herrlichen Buttercreme-Torte. Es fehlt zur absoluten Glückseligkeit nur noch der Espresso. Ich bin rundherum satt und zufrieden.

Nach diesem Mahl mache ich noch ein paar Verdauungsschritte über unseren Zeltplatz, setze mich etwas abseits auf einen großen Stein und schaue zum Himmel, um die strahlende tibetische Nacht zu betrachten. Manche Sterne leuchten so hell, dass sie fast blenden. Man kann sie nur eine kurze Zeit im Auge behalten. Die Milchstraße ist hier kein nebelhafter Streifen am Himmel wie bei uns zu Hause, sondern ein dichter Teppich aus tausenden, silbernen Sternen, alle deutlich voneinander zu unterscheiden.

Während ich über die Unermesslichkeit des Universums nachdenke, wird mir so richtig bewusst, wie klein der

Abendessen im Zelt

Die Pisten sind in einem sehr schlechten Zustand

Mensch und wie kurz doch sein Leben ist. Aber besser als alle Überlegungen und Erklärungen, sage ich mir schließlich, sind die Glücksgefühle des Augenblicks. Glücksgefühle im Jetzt und Hier.

Fröstelnd vor Kälte treibt es mich zum Zelt. Schnell verkrieche ich mich in meinen Schlafsack.

23. September 2006

Gegen 9.30 Uhr fahren wir mit den Jeeps weiter, durch die unendlichen Weiten des Hochlandes von Süd-West Tibet. Riesige Yak- und Schafherden begleiten uns links und rechts der Piste. Es bietet sich ein herrlicher Ausblick auf den Trans Himalaya im Norden und den Himalaya im Süden.

Nach drei Stunden Fahrt erreichen wir das Kloster "Dargyeling". Auch hier muss ich feststellen, dass alles neu aufgebaut wurde, nach den großen Klosterzerstörungen der Kulturrevolution. Im Ort Dargyeling, der etwas unterhalb des Klosters liegt, machen wir in einem Tee- und Übernachtungshaus Mittagspause. Das Haus wird von Tibetern geführt, es sieht ordentlich und sauber aus, wenn es auch sehr einfach ist. Ich habe Gelegenheit mir ein paar Zimmer anzuschauen. Meistens drei Betten, ein Tisch mit Stühlen, in der Mitte der kleine Ofen. Die Balken der Decke sind aus Holz und an den Wänden befindet sich ebenfalls viel Holz, das mit jeder Menge Schnitzereien verziert und bunt bemalt ist. Es macht alles einen einfachen aber gemütlichen Eindruck, nicht zu vergleichen mit dem Gästehaus in Purang, das von Chinesen geführt wird. In der Gaststube hier bollert der kleine Ofen und verbreitet eine mollige Wärme.

Es gibt nach dem Begrüßungstee (Grüner Tee) wieder einen Eintopf bestehend aus Nudeln mit Gemüse und viel Fleisch. Sehr reichhaltig und auch lecker. Meine Bemühungen mit Stäbchen zu essen zeichnen sich aus, denn es klappt immer besser. Der Rest des Eintopfes wird aber der Einfachheit halber aus der Schale getrunken.

Auf der Weiterfahrt kommen wir wieder an riesigen Sanddünen vorbei. Plötzlich, auf der Straße im Niemandsland, eine Schranke. Links der Straße, eingezäunt von hohen Mauern, eine Kaserne. Kontrolle unserer Papiere und Pässe. Wir dürfen die Autos nicht verlassen. "Schikane im Niemandsland". Wie sehr verletzend und demütigend muss das erst für Tibeter sein!

Nach einer dreiviertel Stunde dürfen wir unsere Fahrt fortsetzen. Die Weiterfahrt geht über zwei 5000er und einen 4700 Meter hohen Pass. Es fängt an zu regnen. Nach ein paar Kilometern schüttet es, das hat uns gerade noch gefehlt an unserem letzten Zelttag. Die Zelte im strömenden Regen aufzubauen ist kein Spaß.

Der Zeltplatz, etwas abseits der Straße, ist erreicht. Wir sitzen fast eine halbe Stunde im Auto und warten, bis der Regen etwas nachlässt. Nun raus, zum LKW, und alles schnell abladen. Der Aufbau der Zelte hat so einigermaßen geklappt. Nun sitzen wir im Zelt, und es regnet wieder stärker. Ich stelle gerade fest, dass ich mich sechzehn Tage nicht geduscht und zehn Tage nicht in den

Spiegel geschaut habe. Morgen erreichen wir Lhartse auf 4050 m und werden in einem Gästehaus übernachten. Die Möglichkeit zu duschen gibt es aber dort auch nicht. Also heißt es, morgen in den Spiegel schauen, duschen aber erst übermorgen in Shigatse im Hotel. Nach achtzehn Tagen wird es dann aber auch langsam Zeit, denn wir müssen wohl schon stinken wie die Elche. Die Luft in unserem Zelt ist bestimmt zum Schneiden. Nur gut, dass wir alle im gleichen Boot sitzen, dass wir wohl alle gleich stinken und es nicht mehr wahrnehmen.

24. September 2006

Nach dem Frühstück. Wir brauchen heute unsere Zelte nicht abbauen, sie werden in Plastikfässern verstaut, um in Kathmandu gereinigt zu werden. Unsere Küchen-mannschaft und unser Guide Lidung aus Nepal, aus dem Bergvolk der Sherpa (Volk aus dem Osten), werden verabschiedet. Lidung ist ein Mann, auf den wir uns immer verlassen konnten. Während der mehr als drei Wochen haben wir seine Qualitäten schätzen gelernt. Er ist ein sehr liebenswerter Mensch, bescheiden, selbstlos, vollkommen aufrichtig, dazu von einer ansteckender Fröhlichkeit. Ein echter Sherpa, wie man sie aus den großen Expeditionsberichten aus dem Himalaya her kennt. Lidung stammt aus der Region Khumbu. Seine Geschwister und Verwandten leben noch dort. Er lebt heute mit seiner Familie in Kathmandu. Seine zwei Kinder können dort eine bessere Schulbildung erfahren. Über unsere Küchenmannschaft, alle vier auch Sherpas, kann ich auch nur voll des Lobes sein. Was sie unter den *einfachsten Bedingungen aus dem Küchenzelt alles hervorgezaubert haben, war schon toll. Bei unserem Abschiedsabend in Kathmandu werden wir sie alle wiedersehen, vielleicht, so hat uns Lidung versprochen, wird auch seine Frau dabei sein. Die Fünf werden alles, was noch auf unserem Zeltplatz steht, in den LKW verstauen und mit ihm zurück nach Kathmandu fahren.*

Wir fahren heute 280 km von Saga nach Lhartse. Die Straße, die wir befahren ist in einem sehr schlechten Zustand, man kann sagen: "unter der Gürtellinie". Es wird an jeder Ecke gebaut. An den Baustellen müssen wir die Straße verlassen und durch knietiefe, zum Teil mit Schlamm gefüllte Wegstrecken fahren. Nach einer halben Stunde hat es unseren ersten Jeep erwischt. In einer unheimlichen Schlammdurchfahrt sitzt im Gegenverkehr ein kleiner Traktor fest. Diese zweirädrigen Fahrzeuge, bei denen der Fahrer auf dem kleinen Anhänger sitzt, werden hier von fast allen Bauern benutzt. Unser erster Jeep versucht vorbeizufahren und fährt sich dabei fest. Beide sitzen nun nebeneinander, und keiner kommt mehr vor oder zurück. Mit einem Drahtseil wird nun erst der kleine Traktor von unserem Wagen herausgezogen, danach geht es an den Jeep. Aus dem nahen Dorf sind schon alle Kinder und ein paar jüngere Frauen herbeigelaufen. Frauen mit Hüten auf dem Kopf, die man bei uns höchstens auf der Pferderennbahn zu sehen bekommt. Zu ihrer sonst eigentlich tibetischen Tracht sieht das ganz schön verrückt aus.

Nach fast einer Stunde ist die große Schlammaktion abgeschlossen. Jeep und Traktor stehen wieder fahrbereit auf festem Untergrund, und die Fahrt kann weiter gehen.

Ich versuche während der Fahrt ein paar Bilder aus dem Auto zu machen, was bei der Schaukelei gar nicht so einfach ist. Vielleicht kann man daraus etwa erahnen, auf was für einer Strecke wir uns fortbewegen.

Um 15 Uhr erreichen wir den Ort Sangsang und machen in einem Teehaus Mittagspause. Ich entschließe mich, diesmal Teigtaschen, gefüllt mit Gehacktem, zu essen. Der Eintopf war zwar immer sehr gut, aber ein wenig Abwechslung ist ja auch nicht schlecht. Beim Essen macht sich bei mir schon wieder das altbekannte Rumoren in Magen und Darm bemerkbar. Jetzt ist höchste Eile geboten, möchte nicht schon wieder die Hose voll haben. Eine Toilette, mit Loch im Boden, gibt es hier nicht. Ich muss also um das Haus rennen. Im Hinterhof ist ein verfallener Schuppen, auf dem Weg dorthin schön aufgepasst, damit man nicht in diversen Haufen stecken bleibt, eine freie Stelle (viele gibt es nicht) gesucht, hingehockt und in einem "Schwupp" den Darm entleert. Durchfall ist schon keine angenehme Angelegenheit, wenn man eine saubere Toilette zur Verfügung hat. Noch um ein Vielfaches unangenehmer ist Durchfall in einem Hinterhof zwischen diversen Haufen. Ich lasse mir vom Fahrer den Autoschlüssel geben, ich muss an meine Notration. Tabletten für solche Fälle habe ich schon in der Deckelta-sche meines Rucksackes deponiert, schnell griffbereit.

Auf der Weiterfahrt wird die Landschaft immer grüner, mit sehr vielen Getreidefeldern (Gerste). Wir kommen langsam in die Kornkammer Tibets. Die Dorfbewohner sind alle auf den Feldern. Geerntet wird in Reih' und Glied mit der Sichel in der Hand. Die Dörfer, an denen wir vorbeifahren, sehen sehr freundlich aus: Häuser aus,

*Freundlicher
Empfang in
Lhartse*

Kloster Tashilumpo in Shigatse

Lehmziegeln gebaut, mit großen Fensterfronten, durch die das Sonnenlicht Einlass findet um die Räume aufzuwärmen. An den Mauern wird der von Hand angeklatschte Yakmist getrocknet. Die Sauberkeit in den Dörfern verblüfft mich. So habe ich mir tibetische Dörfer vorgestellt.

Fünf Kilometer vor Lhatse beginnt die Asphaltstraße, die erste, die wir in Tibet befahren. Was für eine Wohltat. Das Gästehaus, in dem wir untergebracht sind, ist im tibetischen Stil gebaut. Zwei Etagen mit einem langen Gang im Freien, von dem aus man in jedes Zimmer gelangt. Am Ende des Ganges, für zehn Zimmer, das Klo mit dem Loch im Boden. Auch dieses Loch wird von mir mehrfach benutzt.

Die Zimmer sind eigentlich ganz schön, mit ihren vielen bunt bemalten Schnitzereien an den Balken, Holzverkleidungen, Schränken und dem Bett. Zwei Waschschüsseln und zwei große Wasserkannen für die allgemeine Körperpflege stehen bereit. Na ja, heute noch einmal Katzenwäsche, morgen gibt es eine Dusche.

Nach dem Abendesse will ich noch Bärbel anrufen. Der Laden mit der Möglichkeit zum Telefonieren hat aber leider schon geschlossen. Schade, aber vielleicht ergibt sich ja morgen die Möglichkeit. Bleibt für heute noch nachzutragen: Für 280 km Fahrt brauchten wir 10 Stunden. Es ging über elf Pässe, davon drei über 5000 m Höhe. Heute Abend bin ich ganz schön kaputt, auch von dem Durchfall, der mich gewaltig schlaucht. Ich hoffe, ich kann gut schlafen.

25. September 2006

*Ich muss feststellen, dass ich heute morgen gut aus-
geruht bin, denn ich habe sehr gut geschlafen.*

*Nach dem Frühstück fahren wir von Lhatse nach Shigatse,
auf 3900 m Höhe. Wieder geht es vorbei an sehr schönen
Dörfern und Getreidefeldern. Bei einer Rast mache ich ein
paar Aufnahmen von den Bauernhäusern.*

*Nach 2½ Stunden Fahrt, alles auf Asphaltstraßen, sehr,
sehr angenehm nach dem Geschaukel der letzten Tage,
kommen wir in Shigatse in unserem Hotel an. Vor dem
Hotel, für uns alle eine freudige Überraschung, steht
Dorle. Dorle hat sich nach ihrem Rücktransport mit dem
Hubschrauber von der Grenze Tibets nach Kathmandu
und einem regenerierenden Aufenthalt im Hotel Godavari
so gut erholt, dass sie den Rest der Reise wieder mit-
machen kann. Sie ist von Kathmandu nach Lhasa
geflogen und von einem Fahrer bis Shigatse zu unserem
Hotel gebracht worden. Für jeden von uns hat sie eine
Papierrose in der Hand. Eine sehr nette Geste von ihr. Die
Freude ist wirklich für uns alle riesig.*

*Das Hotel und die Zimmer sind o.k., aber das Allerbeste
ist das Bad. Nach einer knappen Stunde Aufenthalt im
Badezimmer, davon eine halbe Stunde unter der Dusche,
fühle ich mich wie neugeboren, denn ich hatte schließlich
das letzte Mal vor achtzehn Tagen geduscht. Ich gehe,
während Bernd jetzt das Badezimmer in Beschlag nimmt,
kurz zum Telefonieren. Aus einem kleinen Laden direkt um
die Ecke, hier gibt es drei Telefonzellen, rufe ich zu Hause
an. Leider nur der Anrufbeantworter! Ich werde es kurz*

vor 22 Uhr noch einmal versuchen.

Jetzt gehen wir zur Besichtigung des 1447 gegründeten Gelugpa Klosters Tashilumpo (Segensberg). Dies ist der Sitz des *Panchen Lama. Das Gelulgpa Kloster zählt zu einem der sechs Meister-Klöster der Gelugpa Schule. *Sven Hedin berichtet im Jahre 1907 von 3700 Mönchen, heute sind es etwa noch 600. Das Kloster ist das beeindruckendste, das ich in Tibet bis jetzt gesehen habe. Eine Buddhastatue von 26 m Höhe, aus 11000 kg Kupfer und 229 kg Gold gefertigt. Maitreya (Buddha der Zukunft), das größte Exemplar in ganz Tibet, lacht mich aus seiner unheimlichen Höhe an. Riesengroße Stupas in Gold und Silber und goldene Dächer prangen auf den außerordentlichen Gebäuden. Unübersehbar ist die hohe, weiße Wand, an der am wichtigsten Fest des Jahres im Juli eine riesige Tanga, eines der traditionellen Seiden-bilder, entrollt wird. Diese ganze Anlage ist eine kultur-historische Offenbarung. Angefangen von der ruß-geschwärzten Küche mit Riesenkesseln bis hin zu der Bibliothek mit handgeschriebenen, religiösen Werken. Es ist wirklich überwältigend, was hier auf mich einströmt. Ich kann das Ganze gar nicht so schnell verarbeiten, werde vielleicht ein paar Tage oder Wochen dafür brauchen. Im Augenblick bin ich einfach nur überwältigt.

Nach Beendigung des Rundgangs durch das Kloster kommt noch ein Höhepunkt: ein Tanzfest mit alten Masken und Kostümen. Dieses Fest findet nur einmal im Jahr statt, und wir haben das Glück ausgerechnet heute hier zu sein. Die Mönche des Klosters sitzen zum größten Teil am Rande des Tanzplatzes in Reih' und Glied im Lotossitz auf dem Boden. In einer überdachten Loge dahinter sind die *hohen Lamas und Würdenträger vom Kloster, aber auch Gäste aus anderen Klöstern. In der Mitte auf seinem Thron sitzt der erst fünfzehnjährige Panchen Lama, er ist von den Chinesen eingesetzt worden. Welche radikale Demonstration chinesischer Macht, einen halbwüchsigen, der von Chinas Gnaden inthronisiert wurde. Doch es gibt noch einen zweiten Panchen Lama, der nach allen Regeln tibetischer Religionskunst rechtmäßig gewählt wurde. Die Führung in Peking jedoch hat ihn an einen geheimen Ort, irgendwo im Reich der Mitte, verbannt.*

Die Musikkapelle spielt zum Tanz mit ihren tibetischen Blasinstrumenten, meist Langhörner, in etwa zu vergleichen mit unseren Alphörnern, und dem einsilbigen Schlagen von Trommeln. Die Musik hat für mich etwas Spirituelles, einen Klang, der weit entschweben lässt in eine andere Welt. Von den Tanzvorführungen zum Klang dieser geheimnisvollen Musik bin ich sehr beeindruckt, obwohl ich Sinn und Inhalt der Darbietungen nicht verstehe. Die Tänzer mit ihren bunten Kostümen und Masken haben eine gewaltige Ausstrahlung.

Es sind hier an diesem Tag bestimmt einige Tausend Tibeter auf den Beinen, mit Mann und Maus, mit Kind und Kegel. Ich bin von den Menschen um mich herum beinahe mehr beeindruckt, als von den Tänzern. Von Menschen, besonders den älteren mit ihren von der Sonne Tibets braun gegerbten und faltigen Gesichtern.

Nach einer Stunde verlasse ich den Tanzplatz nachdem ich eine Reihe von Bildern gemacht habe. Ich gehe umher und lasse mich in der Menschenmenge noch ein wenig treiben. Allein und doch nicht allein zwischen Tausenden

Tibetische Zuschauerin beim Tanzfest

Tibetischer Tänzer

Alt und Jung - alles ist heute auf dem Tanzfest anwesend

*„Kumbum Chörde"
in Gyantse
aus dem
14. Jahrhundert*

*von lachenden Gesichtern. *"Taschi Dele, Taschi Dele" sagen sie zu mir. Ihre Fröhlichkeit steckt mich an, und ich merke, wie auch mein Herz lacht. Überall sitzen oder stehen Tibeter in großen oder kleinen Runden zusammen. Verwandte aus der ganzen Umgebung sehen sich bei solchen Festen wieder, manchmal nur einmal im Jahr. An manchen Ecken wird gekocht, Tee oder Bier getrunken. Kleine Musikgruppen haben ihr eigenes Publikum. Ich weiß gar nicht, wo ich zuerst hinschauen oder was ich zuerst fotografieren soll. Mit der kleinen Nikon falle ich nicht so auf und kann so sehr viele Bilder machen.*

Ich verlasse durch ein großes Tor den Festplatz und schlendere die Straße hinunter. Überall, links und rechts der Straße, haben geschäftstüchtige Händler ihre Stände aufgebaut. Hier wird alles angeboten, was Touristen-herzen höher schlagen lässt. Ob Türbeschläge in Löwenkopfform, silberne Salatbestecke, Gebetsmühlen, Messingglocken oder Fliegenwedel aus Yakschwänzen: Der Shigatse Markt ist eine Souvenir-Fundgrube. Ich schaue mir viele Gebetsmühlen an, sobald ich eine in Händen halte, umringen mich viele Händler. Jeder hat die schönste, beste und älteste anzubieten. Du wirst die Händler nicht wieder los. Alles läuft mit einem bestechen-den Lächeln ab. Ich möchte eigentlich eine Gebetsmühle kaufen und mit nach Hause nehmen. Letztendlich ent-schließe ich mich aber, mit dem Kauf bis Lhasa zu warten.

Durch das große Tanzfest fallen die Chinesen in der Stadt nicht auf, sie sind wohl heute sogar in der Unterzahl. An jeder Ecke, auf der Wiese im Park, auch bis vor unserem Hotel, sitzen Tibeter und spielen. Würfelspiel, Kartenspiel, was sie spielen ist wohl gar nicht so wichtig, Hauptsache

*Buddhastatue
in der
Kumbum Chörde*

In Fels gemeißelter Buddha

sie spielen. Die Spielsucht der Tibeter wurde zum Teil schon einmal zu Zeiten des Dalai Lama durch einen Beschluss von allerhöchster Stelle für einige Spielarten verboten.

Ich bin von dem Erlebten heute sehr beeindruckt. Sehr viele neue, nachhaltende Eindrücke. Nach dem Abendessen telefoniere ich noch mit Bärbel, auch Philipp, meinen Sohn, konnte ich sprechen. Ich habe versucht, ihnen die erlebten bunten Bilder des Tages zu schildern, aber versuche mal einem Eingeborenen im Urwald eine Sacher Torte zu beschreiben. Man müsste ihn schon ein Stück essen lassen, damit er versteht, worüber man spricht.

26. September 2006

Heute Morgen sind wir zwei Stunden von Shigatse nach Gyantse gefahren. Es ist schon sehr angenehm auf Asphalt zu fahren. Wenn man viele Tage auf den Holperpisten gefahren ist, weiß man erst einmal so richtig die Straßen in Deutschland zu schätzen.

Das Hotel, in dem wir untergebracht sind, ist o.k., es herrschen europäische Verhältnisse.

Nach einem guten und leckerem Mittagessen sind wir zur Besichtigung der Klosteranlagen und der Stadt losgezogen. Wir kommen zur Burg, die auf einem hohen Felsrücken steht und die Altstadt im tibetischen Stil und die Neustadt der Chinesen teilt.

Gyantse ist eine der Metropolen Tibets. Gekrönt wird Gyantse von der Klosteranlage "Palkaor Chörde", hinter deren dicken Mauern sich bis zur chinesischen Besetzung 16 autonome Klöster befanden. Eine einmalige Sache für Tibet, alle buddhistischen Glaubensrichtungen in einer Klosteranlage. Von den ehemals 16 Klosteranlagen sind ganze drei noch erhalten. Auch hier haben die Chinesen ganze Arbeit geleistet. Die Zerstörung war so gründlich, dass nicht einmal die Grundmauern stehen geblieben sind. Majestätisch überragt wird die Anlage von der 1427 erbauten "Kumbum Chörde", Chörde der "Hunderttausend Bildnisse". Der Name bezeichnet den einzigen noch existierenden begehbaren Reliquienschrein Tibets. Gezählt wurden sage und schreibe 27529 Darstellungen und Gottheiten. Die Statuen in den nicht zerstörten Klöstern sind ein paar hundert Jahre alt und in dieser Art nur noch in Lhasa erhalten. Es ist schon ein riesiger Unterschied zu den wieder neu aufgebauten Kloster-anlagen.

Zum Abschluss besichtigen wir die "Kumbum Chörde". Man kann hier über vier Etagen aufsteigen, über uralte Treppen im Inneren und begeht dann jede Etage über einen Rundweg von außen. Von hier aus betritt man dann die vielen großen und kleinen Räume mit den Gottheiten und Heiligenbildern. Auf jeder Etage befinden sich in Richtung Osten, Süden, Westen und Norden die großen Haupträume. Die Wände in den vielen Räumen sind mit gut erhaltenen, alten Malereien versehen. Wenn man sich in der Chörde nach oben vorgearbeitet hat, betritt man eine große Freiterrasse unter den Augen Buddhas. Das goldene Dach setzt der ganzen Anlage die Krone auf. Ein einmaliges Erlebnis. Weltkulturerbe der UNESCO.

Die Stunden bis zum Abendessen stehen uns zur freien Verfügung. Ich steige noch einmal durch die einzelnen Stockwerke, um in einigen Räumen noch ein paar schöne Bilder zu machen. Mit Walter gehe ich dann in Richtung Altstadt. Die Altstadt ist noch weitgehend im traditionellen Stil erhalten. Die Häuser sind hier genau so erbaut wie auf dem Land. Ich mag diesen Stil, er fasziniert mich genau so wie die uralten Fincas auf der Insel Formentera. Die Straßen in der Altstadt sind alle grob gepflastert. Vor jeder Haustür sind ein oder zwei Kühe angebunden. Die Kuhfladen werden sofort aufgesammelt, von Hand geformt und zum Trocknen an die Wand geklatscht. Gefällt mir, passt irgendwie gut zum Altstadtbild. Vor manchen Häusern liegen die getrockneten Fladen zu hohen Bergen zum Verheizen aufgetürmt.

Wir haben durch die Altstadt den ganzen Burgberg umwandert und sind jetzt wieder im neuen Teil der Stadt angekommen. Ich habe solch einen Heißhunger auf etwas Süßes und muss mir in einem kleinen Laden zwei Riegel Schokolade kaufen. Wir bekommen, seit wir in Hotels untergebracht sind, mittags und abends nur chinesische Küche. Ob mein Heißhunger auf etwas Süßes damit zusammenhängt? Zuhause gehen wir ja ab und zu gerne mal chinesisch essen, aber hier kann ich es so langsam nicht mehr sehen. Ich freue mich auf Hausmannskost, vielleicht Heringstipp?

Morgen geht es auf nach Lhasa, früher die "Verbotene Stadt".

27. September 2006

Wir sind so gegen 8 Uhr von Gyantse losgefahren. Die Hauptstraße nach Lhasa war gesperrt. Erklärungen warum und weshalb müssen von Chinesen nicht abgegeben werden, das sind wir schon gewohnt. Es geht also wieder einmal über Schotterpisten, die sich aber "Gott sei Dank" noch einigermaßen befahren lassen. Wir stehen nach einer Fahrstunde auf einem Pass von 4850 m Höhe. Er ist zwar nicht der höchste, den wir in Tibet befahren haben, aber landschaftlich der schönste und beeindruckendste. Ein wunderschönes Tal breitet sich vor uns aus. Im oberen Bereich kommen wir an einigen Almen mit riesigen Schaf- und Ziegenherden vorbei. Je tiefer wir den Pass hinunter fahren, desto grüner wird die Landschaft. Viele kleine Terrassenfelder mit Gerste und Mais, kleine Dörfer am Flussufer, zeigen uns eine Landschaft wie aus einem Bilderbuch.

Auf der Asphaltstraße wieder angekommen, geht es dann mit riesigen Schritten Richtung Lhasa, der einst "Verbotenen Stadt". Nach einer Stunde Fahrt folgt die Ernüchterung. Lhasas Vororte tauchen auf, mit breiten Straßen und eintönigen, zweigeschossigen Betonbauten. Auf den ersten Blick für mich ein enttäuschendes Bild von der 300 000 Einwohnerstadt, eben eine chinesische Groß-stadt. So habe ich mir das Zauberland von Sven Hedin und *Heinrich Harrer, das ich aus Büchern und Filmen her kenne, nicht vorgestellt. Doch zum geheimnisvollen, traditionsreichen Tibet, der Altstadt, die die fünfzigjährige chinesische Herrschaft überdauert hat, sind es von unse-rem Hotel "Himalaya" nur wenige Schritte.

Nach einem kurzen Aufenthalt im Hotel, wir haben den Rest des Tages zur freien Gestaltung, geht es ab in die Altstadt. Über das Moslemviertel, wo jede Menge kleine Metzgerläden ihre Ware anbieten, vorbei an diversen Gemüsehändlern, geht es durch enge Gassen zum *Barkhor des *Jokhangs. Auf dem Barkhor stehen weiß getünchte Häuser mit schweren Holztüren und schwarz umrandeten Fenstersimsen. Auf dem ganzen Barkhor sind Verkaufsstände auf beiden Seiten des Rundweges. Hier wird alles angeboten, was die Herzen von Souvenirjägern höher schlagen lässt, auch viele Stände mit Haushaltswaren und Dingen des täglichen Lebens. Angefangen bei der Zahnbürste bis zum dicken Stoffballen aus Yakwolle. Im Strom der Pilger lasse ich mich mittreiben. Sie kommen aus allen Teilen Tibets, viele in dicke Schafsfellmäntel gehüllt, an den Füßen warme Stiefel, um den Hals silberne Amulette. Die Haare der Frauen sind geschmückt mit Türkisen und Korallensteinen. Eine tiefe Gläubigkeit steht in den wettergegerbten, dunklen Gesichtern. Andächtig, die Gebetsmühle ständig drehend, rosenkranzähnliche Ketten gleiten unermüdlich durch die Finger, umrunden sie den Tempel im Uhrzeigersinn auf dem Barkhor, dem traditionellen Pilgerweg. Durch den Menschenstrom habe ich mich bis zum Jokhang Tempel treiben lassen. Der Jokhang Tempel, Tibets mehr als tausendjähriges Heiligtum, das in seiner Bedeutung nur mit dem Petersdom in Rom vergleichbar ist, ist das Herzstück des tibetischen Lebens und Glauben.

Vor dem Haupteingang zum Jokhangtempel haben sich viele Pilger versammelt, die sich betend wieder und wieder vor dem Tempeleingang der Länge nach auf den Boden

Jokhangtempel in Lhasa

Pilger aus allen Teilen Tibets kommen zum Gebet

Tibeterin in ihrer Tracht mit Gebetsmühle und Gebetskette

Sich niederwerfende Pilgerin

werfen. Angerührt von der religiösen Inbrunst beobachte ich dieses Schauspiel eine ganze Zeit lang, wage jedoch nur aus der Entfernung ein paar Fotos von den Betenden zu machen. Ich gehe jetzt gegen den Uhrzeigersinn auf dem Barkhor, so kann ich den Menschen in die Gesichter schauen und ein paar schöne Fotos machen: alte Frauen in ihren Trachten, Junge mit ihren Kindern auf dem Rücken. Ich bin sehr von diesen Menschen beeindruckt, manchmal ist kaum ein Durchkommen.

Ich erstehe eine sehr alte Gebetsmühle und wenn nicht alt, so ist sie auf jeden Fall gut gemacht. Nein, sie ist alt. Die Verkäuferin zieht die Gebetsmühle auseinander, innen sind aufgerollt endlose Zettel mit Tausenden von Gebeten. Nach langem Feilschen, Bärbel, das hätte dir alle Ehre gemacht, kann ich sie endlich in meine Tasche stecken. Sie soll umgerechnet 120 Euro kosten, ich habe gar nicht so viel Geld bei mir. Die Verkäuferin will Dollar von mir haben, ich biete ihr Euro an, das ist ihr dann auch recht. Den Preis kann ich bis auf 80 Euro herunterhandeln, möchte aber noch weniger bezahlen. Sie will nicht mehr mit mir handeln und fängt an laut zu schimpfen. Von den anderen Verkaufsständen kommen noch einige Frauen angelaufen. Ich bin nun von sechs Frauen umrundet, und habe ein mulmiges Gefühl. Die Verhandlung wird meinerseits abgebrochen und ich gehe weiter. Nachdem ich noch keine zwanzig Meter entfernt bin, kommt sie mir nachgelaufen und ruft: "Fünfzig Euro, fünfzig Euro." "Alles klar, ist gekauft", sage ich und bin stolz über mein Verhandlungsgeschick.

Ich gehe noch einmal zum Jokhang Tempel, setze mich auf eine Stufe und lasse das bunte Treiben an mir vorbeiziehen. Lhasa ist also doch mehr als der erste Großstadteindruck, den ich vom Auto aus hatte. Trotz der starken Zuwanderung von Chinesen, gelingt es Peking offenbar bis heute nicht, die Tibeter umzukrempeln. Inzwischen wird Religion wieder geduldet. Klöster werden restauriert, wieder aufgebaut und vor allem als touristische Vorzeigeobjekte gepflegt.

Am Abend kaufe ich mir im Hotel noch einen *Gzi-Stein. Die Tibeter glauben, dass ein Gzi-Stein die Krankheiten aus dem Körper eines Menschen ziehen kann. Ich habe lange überlegt. Echte Steine, die mit Muster gefunden werden, kosten zwischen drei- und zwanzigtausend Euro, und dann ist man noch nicht sicher, ob sie wirklich echt sind. Man bekommt auch ganz billigen Mist aus Glas. Mein Stein ist das gute Mittelding. Echter Stein, geschliffen und geätzt oder geätzt und geschliffen, egal. Der Verkäufer bindet ihn mir dann an eine Schnur und arbeitet noch zwei kleine Korallenstücke und zwei Steinperlen ein. Fertig ist die Kette. Auch hier im Hotel kann ich den Preis noch um ein Drittel herunter handeln. Mir gefällt die Kette sehr gut. Es ist für mich ein schönes Erinnerungsstück an Lhasa und diese Reise.

Es ist nun schon 23 Uhr und wir müssen morgen um 7 Uhr aufstehen, da wir ein volles Programm haben. Heute war ein wunderschöner Tag mit zum Teil atemberaubenden, neuen Eindrücken.

Ich denke an dich, Bärbel, und gebe dir in Gedanken einen dicken Kuss.

Pilger im Gebet

Der Potalapalast

28. September 2006

Nach einem guten Frühstück geht es um 8.30 Uhr mit einem Kleinbus zum *Potala. Viele Male habe ich ihn schon abgebildet gesehen, jedoch selbst vor dem Potala zu stehen ist schon etwas ganz anderes.

Der Winterpalast der Dalai Lamas wurde im 17. Jahrhundert erbaut. Ein prächtigeres und angemesseneres Bauwerk als den Potala hätten sich die Dalai Lamas als Residenz gar nicht erbauen lassen können. Das Bauwerk erhebt sich über dreizehn Stockwerke, 110 Meter hoch über der Stadt. Hinter seinen 350 m langen und zum Teil fünf Meter dicken Mauern verbergen sich 999 Räume. In einem weiß getünchten Teil befinden sich hauptsächlich Verwaltungsräume, zwei gelbe Gebäude dienen der Aufbewahrung von Opferrequisiten. Der rote Palast auf der Spitze ist der Wohnsitz der Dalai Lamas. Fasziniert und staunend blicke ich nach oben. Beim Eintreten durch das Süd-Ost-Tor müssen wir unsere Reisepässe vorzeigen. Im Vorhof staune ich über die überdimensionalen Treppenaufgänge und Wehrmauern. Es darf innen leider nicht fotografiert werden. Wir steigen die unendlichen Treppenstufen nach oben bis zum Haupteingang. Im Inneren erwarten uns gewaltige Räume mit großen und kleinen Statuen. Der große Reliquienschrein des Potala wird von Tausenden Perlen, Türkisen, Korallen und Gzi-Steinen geschmückt.

Wir bestaunen acht Medizinbuddhas und die Buddhas der Drei-Zeiten. Vom sechsten Dalai Lama an gibt es je eine Kapelle mit heiligen Schreinen und Statuen. Ich bin geblendet von der Pracht, ich kann mich nicht satt *sehen an Buddhastatuen, farbenprächtigen Seidenbildern und bunten Wandgemälden. In der religiösen Schatzkammer vergeht die Zeit wie im Flug. Wir erklimmen Stockwerk um Stockwerk, dann werfen wir einen Blick durch den verbotener Weise aufgezogenen Vorhang auf die "Goldenen Dächer" des Potala. Anschließend betreten wir die Privatgemächer des 13. und 14. Dalai Lama.*

Hinter der offiziellen Empfangshalle gelangt man in das private Empfangszimmer. Auch hier sind unendlich viele Malereien, Stupas und Statuen zu sehen. Von der Tür aus kann ich in den Aufenthalts- und Schlafraum des letzten Dalai Lamas sehen. Einfach umwerfend, was ich hier alles zu sehen bekomme. Ich kann das Ganze nicht in Worte fassen.

Wir haben von den fast 1000 Räumen nur einen ganz kleinen Teil gesehen. Ich habe gehört, dass wahrscheinlich demnächst der Potala der breiten Öffentlichkeit nicht mehr zugänglich sein soll. Ein zu starker Ansturm von Touristen zeichnet sich heute schon ab. Mit dazu beigetragen hat auch die neue Eisenbahnlinie von Peking nach Lhasa, die hier jeden Tag über 4000 Touristen "ausspuckt". Siebzig bis achtzig Prozent der Besucher sind Chinesen. In China ist das, was in der Kulturrevolution "n i c h t" zerstört wurde, auf einmal wohl sehr sehenswert.

Nach der Besichtigung des Potala geht es mit dem Bus weiter zum Sommerpalast der Dalai Lama "Norbulingka". In einer schönen Parkanlage liegen auf 360 000 m² viele große und kleinere Gebäude, die den späteren Dalai Lamas als Sommersitz dienten. Seit der "friedvollen Befreiung" wird der Norbulingka demonstrativ als "Volkspark"

„Potala" - ein gigantisches Bauwerk

Die goldenen Dächer des Potala

Schöne Dachkonstruktionen des Sommerpalastes Norbulinka

Der Eingang zum Sommerpalast Norbulinka

bezeichnet. Der Sommerpalast des 14. Dalai Lama, den er von 1956 bis 1959 bewohnte, ist für Tibeter derzeit die bedeutendste Stätte, hier könne sie ihrem Oberhaupt ihre bestmögliche Referenz erweisen.

Im ersten Stockwerk betreten wir den Audienzraum des Dalai Lama, in dem sein Sitzthron steht. Sehr interessant sind hier die liebevoll ausgeführten Wandmalereien anzusehen, welche die Ereignisse der tibetischen Geschichte von den ersten Anfängen bis zur jüngsten Zeit zeigen. Die Einholung in dem Ort Amdo des 14. Dalai Lama bildet das vorerst letzte Ereignis dieses Zyklus! Wir gehen durch das Schlafzimmer und den Wohnraum, in dem sich noch einige sehr persönliche Dinge befinden, das Radio, der Plattenspieler und das Badezimmer. Von hier aus betreten wir die Aufenthaltsräume der Mutter des Dalai Lama. Sie durfte sich über Tag hier aufhalten.

Wieder draußen in der schönen Parkanlage, besticht die wunderschöne Dachkonstruktion des Gebäudes. Das reich ornamentierte Golddach ist mit Spitzen, Reliefs buddhistischer Gottheiten, Glückszeichen und dem Rad der Lehre, flankiert von zwei Gazellen, geschmückt.

Nach abgeschlossener Besichtigung fahren wir mit dem Bus zum Mittagessen in die Altstadt. In einem kleinen Restaurant in der ersten Etage mit Blick auf den Vorplatz des Jokhang gibt es nicht nur chinesisches Essen, sondern auch Pizza. Obwohl ich ja schon fast perfekt mit Stäbchen essen kann, bestelle ich mir heute eine Pizza, mal etwas anderes. In der Zeit bis das Essen kommt, habe ich die Möglichkeit im Erdgeschoss mit Bärbel zu telefonieren. Zwar ist es in Deutschland erst 7.30 Uhr, aber wir beide sind glücklich, miteinander zu sprechen. Ich wusste ja auch nicht, ob ich am Abend noch mal die Möglichkeit hätte mit ihr zu telefonieren.

Nach dem Mittagessen geht es zum Jokhang, wo heute eine Besichtigung ansteht. Wir lassen uns mit den vielen Gläubigen in das Innere des Tempels treiben. Begleitet vom Flackern der unzähligen Butterlampen ziehen wir mit ihnen durch das Gewirr der schummrigen Räume, vorbei an Buddhastatuen und Wandbildern. In dem Gebäude aus dem 7. Jahrhundert wird Lamaismus in Reinkultur zelebriert, der sich trotz aller chinesischer Einflüsse geradezu verzweifelt zu halten scheint. Es ist nicht zu übersehen, dass Tibeter ehrfürchtig und inbrünstig beten, in gewisser Weise vielleicht auch ein wenig trotzig.

Wir steigen hinauf bis auf die vielen Dächer. Gold und Messing, soweit das Auge reicht. Mir hat es die Sprache verschlagen. Für mich ist der Jokhang der absolute Höhepunkt dieser Reise, ich stufe ihn für mich noch höher ein als den Potala. Die Eindrücke werden wohl noch sehr lange nachwirken.

Die Restzeit des Nachmittags steht uns zur freien Verfügung. Ich lasse mich auf dem Barkhor treiben. Besonders dicht wird der Menschenstrom zur Abenddämmerung, wenn hier Jung und Alt, Dörfler und Städter ihre Runden drehen. Da flanieren die einen mit übergeworfenen Schafsfellen, dort die anderen mit eleganten Mänteln. Frauen haben ihre Haare kunstvoll geflochten und mit Türkisen geschmückt, Männer tragen schwere, silberbeschlagene Gürtel. Die Tibeter pflegen eben ihre Traditionen. Die älteren Menschen beeindrucken mich am meisten. Ich möchte mich am liebsten auf einen Stuhl in die Mitte des Barkhur setzen, alle an mir vorbeiziehen lassen und sie betrachten.

Die Kora um den Kailash und der heutige Tag waren für mich bisher ungemein beeindruckend. "Danke".

29. September 2006

Heute ist unser letzter voller Tag in Lhasa. Um 9 Uhr fahren wir mit dem Kleinbus vom Hotel ab. Es geht zuerst zum neuen Bahnhof, weil viele von unserer Gruppe ihn gerne besichtigen wollen. Mich interessiert es weniger. Er sieht aus wie halt ein neuer Bahnhof überall auf der Welt aussehen kann. Allerdings muss ich schon sagen, dass die Chinesen beim Bau Ideen geklaut haben, geklaut vom unvergleichlichen Bauwerk Potala. Die etwas schrägen Außenmauern, Stützpfeiler, die braun gestrichen sind, der Rest des Gebäudes ist in Weiß gehalten. Die Anlehnung an das bedeutende Bauwerk Potala ist nicht zu übersehen. Der letzte Zug am Morgen fährt gerade los. Die meisten unserer Gruppe fotografieren wie wild, na gut, ich lasse mich auch zu zwei Bildern vom ausfahrenden Zug hinreißen. Die Bahnstrecke, die über viele 5.000-Meter-Pässe führt, die höchste der Welt, ist schon eine beachtliche Leistung. In zwei Tagen fährt ein Zug von Peking nach Lhasa. Er spuckt hier jeden Tag bis zu 4000 Touristen aus China aus. Für die Chinesen hat der ganze Bau eine hohe, wenn nicht sehr hohe strategische Bedeutung, vom Prestige ganz zu schweigen. Ob sich die Bahnstrecke in den großen Höhen, auf

*Permafrostboden gebaut, bewähren wird, muss die Zeit zeigen. Bei der globalen Klimaerwärmung stehen da aber wohl einige Fragezeichen. Die erste Brücke ist schon abgesackt, die Bahnstrecke musste für einige Wochen gesperrt werden.

Vom Bahnhof geht es zum Kloster Drepung. Die drei Klosteruniversitäten des Gelugpa-Ordens (Serra, Drepung und Ganden) nehmen in verschiedener Hinsicht eine Sonderstellung ein. Einerseits dienten sie als Universität der Ausbildung für Mönche des Gelugpa in Logik und Philosophie, andererseits der tanrtischen Ritualpraxis. Drepung liegt ungefähr 10 Kilometer westlich von Lhasa. Es wurde 1416 gegründet und beherbergte vor der chinesischen Besetzung mehr als 10 000 Mönche, es war somit das größte Kloster Tibets. Während Ganden von Anfang an das spirituelle Zentrum der *"Gelbmützen" darstellte, war Drepung das politische Zentrum der Gelugpa. Die Äbte von Drepung waren an allen politischen Entscheidungen des Landes beteiligt.

Der größte Teil der Mönchsunterkünfte wurde in der Kulturrevolution zerstört. Die Versammlungshalle der fünf Fakultäten Drepung, Loseling, Gomang, Ngagpa und Deyang, der ehemalige Regierungssitz der Dalai Lamas, blieben zum größten Teil unbeschädigt. Es sind ein paar sehr schöne Statuen und Wandmalereien zu besichtigen. Über eine steile Holztreppe gelangen wir in den Vorhof des Ganden-Phodrang (Freudvoller Palast). Eine vertikale, dreifach geteilte Treppe aus Stein, deren mittlerer Teil nur vom Dalai Lama benutzt werden darf, führt zum Eingang empor. Der oben gelegene sechzehnsäulige Inthronisierungssaal wird beherrscht von seinem großen

Thron. Die *Lichtgarden zieren Malereien von Buddha mit grüner und weißer Tara. Im großen Versammlungssaal mit seinen 184 Säulen kamen die Mönche aller Fakultäten zusammen.

Von den vielen Eindrücken, die heute wieder auf mich einwirken, nehme ich schon gar nicht mehr alles so richtig wahr. Vielleicht liegt es daran, dass das Gesehene von gestern für mich nicht mehr zu überbieten ist. Ich glaube, dass ich diese Reise noch mal wiederholen muss, damit ich alle Eindrücke erneut verarbeiten kann.

Nach der Besichtigung fahren wir in die Altstadt in ein tibetisches Restaurant, zum Mittagessen. Später wollen wir zum Kloster Serra.

Das Kloster liegt etwa 4 Kilometer nördlich von Lhasa. Seine Gründung erfolgte 1419 durch den Tsongkhapa-Schüler "Jamchen Chöje". Das Kloster ist Mittelpunkt tantrischer Mystik und eine Hochschule. Hier lernen die Mönche das Debattieren (Streitgespräch mit festen Regeln). Wir besichtigen den 102-säuligen Tshogchen Dukhang (Halle der Vollversammlung). Auch hier sind im Kloster unzählige Buddhastatuen und zum Teil sehr ausgefallene Wandmalereien zu sehen. Das zentrale Allerheiligste beherbergt eine Stuckfigur des zukünftigen Buddhas Majtreya zwei Stockwerke hoch und umgeben von den acht *Bodhisattras. Wir gehen von hier in die dunkle Tamding-Kapelle. An den langen Pilgerschlangen kann man schon erkennen, dass hier die bedeutendsten Verehrungsobjekte stehen.

Wieder im Freien, bei herrlichem Sonnenschein, gelangen

wir in einen Innenhof, der von vielen alten Bäumen beschattet wird. Um 15.00 Uhr können wir einer Übungsstunde der Mönche im Debattieren beiwohnen. Auch wenn man den Hintergrund, das Für und Wider nicht versteht, ist es durch die Gestik und durch die Gebärden der Mönche eine sehr interessante Darbietung. Schade nur, dass ich kein tibetisch verstehe.

Hans und ich ziehen uns nach einer halben Stunde zurück. Wir finden ein schönes Plätzchen in der Sonne, setzen uns auf eine Mauer und lassen uns eine Zigarette schmecken.

Nun sind die anderen auch alle zurück und wir verlassen das Kloster in Richtung Bus. Ich stelle mir die Frage: "Wie viele Buddhas, *Torwächter, Heiligenstatuen, Wandmalereien und Tangas habe ich bis jetzt eigentlich schon gesehen? Wie viel Tausend mögen es wohl gewesen sein? Bei dieser Vielzahl verliere ich so langsam gegen Ende der Reise den Überblick. Wenn ich diese Reise in einem Jahr wiederholen würde, wie viel würde mir wohl auffallen, was ich heute gar nicht mehr registriere?"

Auf der Rückfahrt steige ich mit Klaus in der Altstadt aus. Wir wollen noch einmal über den Barkhor schlendern, uns von den vielen Menschen mittreiben lassen. Ich habe noch hundert Juan in der Tasche, die müssen noch ausgegeben werden. Ich kaufe mir, nach langem Handeln natürlich, zwei T-Shirts. Die Verkäuferin will für eins 185 Juan haben. Ich bekomme beide letztendlich für 80 Juan, umgerechnet etwa sieben Euro. Bärbel, du wärst wahrscheinlich weggelaufen, wenn du mich beim Handeln erlebt hättest, ich werde immer besser. Ganz langsam gehen wir zurück zum Hotel, betrachten nochmals sehr bewusst die vielen, uns anlachenden Menschen.

Heute ist zum Abendessen noch eine Tanzveranstaltung in unserem Hotel angesagt. Eine in Lhasa sehr bekannte Tanzgruppe führt alte, tibetische Tänze vor. Die Gruppe hatte auch schon in Europa einige Auftritte. Es ist mittlerweile 22 Uhr, und Astrid möchte noch mal zum Potala. "Wer will mit?" fragt sie. Die Resonanz ist nicht sehr groß, die meisten von uns sind müde und möchten lieber schlafen gehen. Ich aber nicht!

Zu Fünft machen wir uns auf: Astrid, Dorle, Gregor, Bernd und ich. Astrid hat vor dem Hotel zwei *Rikschas aufgetrieben. Die beiden jungen Burschen treten mächtig in die Pedalen und ab geht es durch das Verkehrsgewühl zum Potala.

"Potala", angestrahlt in der Dunkelheit. Das Bauwerk wirkt im Lichtschein der vielen Strahler noch gewaltiger. Gegen den dunklen Nachthimmel hebt sich das Gebäude auf dem Bergrücken imposant ab. Ein absoluter Höhepunkt des Tages, nicht zu überbieten. Einmalig! Ich werde diesen Anblick, dieses Bild, mein Leben lang nicht vergessen. In einer knappen Stunde sind wir zu Fuß durch die Geschäftsstraßen und zum Schluss durch die Altstadt wieder im Hotel. Der angestrahlte "Potala bei Nacht" war der krönende Abschluss von Lhasa. Ich liege nun schon eine Weile im Bett und habe noch immer dieses schöne Bild vor Augen.

Debattierende Mönche im Kloster Sera

Der Potala bei Nacht

30. September 2006

Wir werden um 6 Uhr über Telefon geweckt. Um 8 Uhr ist die Abfahrt vom Hotel. Die Fahrt zum Flughafen dauert etwas über eine Stunde. Meine letzten Eindrücke von Tibet ziehen am Fenster des Busses an mir vorbei. Werde ich Tibet noch einmal wiedersehen? Werde ich vielleicht noch einmal Teile von Ost-Tibet kennen lernen? Ich möchte es sehr, sehr gerne, wenn der finanzielle Rahmen es mir noch einmal möglich machen sollte.

Am Flughafen dann die herzliche, große Verabschiedung von unserem Guide "Lobsang", der uns in Tibet auf Schritt und Tritt überallhin begleitet, der sich rührend und mit vollem Einsatz um uns gekümmert hat. Er legt uns allen eine Katthas, einen Glücksschal, um den Hals. Wir umarmen uns noch einmal und setzen uns dann in Richtung Abflug in Bewegung.

Der Flug nach Kathmandu in ca. 9000 m Höhe beschert mir an der rechten Fensterseite (Glück gehabt, Fensterplatz erwischt) noch einen zusätzlichen Höhepunkt. Der Everest mit seinen 8850 m, das Dach der Welt, und der *Lotse, sein direkter Nachbar mit seinen 8516 m, zeigen sich mir von der schönsten Seite. Beide ragen majestätisch aus der geschlossenen Wolkendecke hervor. Ein grandioses Schauspiel. Ich kann einige schöne Fotos machen. Wie viele unzählige Geschichten und Bücher ranken um diesen Berg. Was für ein Erlebnis! Der Everest, nur ein paar tausend Meter von mir entfernt!

Wir landen in Kathmandu und es geht mit dem Bus wieder zum Hotel Godavari. Um 11 Uhr kommen wir im Hotel an und unsere Zimmer sind noch nicht hergerichtet. Wir bekommen einen Kaffee oder Tee. Ich mache mich erst einmal auf zum Telefonieren. Ein paar Schritte von unserem Hotel entfernt finde ich in einem kleinen Laden eine Möglichkeit. Hier kostet das Telefonieren nur halb so viel wie in unserem Hotel. Ich rede mit Bärbel und kann ihr mitteilen, dass wir gut in Kathmandu gelandet sind und es mir gut geht. Ich spiele den fröhlichen Wecker, denn in Deutschland ist es noch nicht 8 Uhr.

Im Hotel wieder angekommen, finde ich die anderen schon beim Mittagessen vor. Nach dem Essen sind unsere Zimmer endlich für uns hergerichtet. Ich mache mich frisch und ziehe meine hier deponierte saubere Kleidung an.

Um 13 Uhr geht es mit dem Hotelbus in die Stadt. Wir fahren mit sieben Leuten zur Boudhanath Stupa. Fünf von unserer Gruppe wollten lieber den Nachmittag im Hotel verbringen und sich am Pool ausruhen, einfach mal entspannen. Ausruhen und entspannen kann ich auch noch zu Hause, das ist meine Devise.

Die Boudhanath Stupa, die mich zu Beginn der Reise schon so sehr beeindruckt hat, gibt es nur in Kathmandu. Wir haben viel Zeit, und ich lasse mich auf dem Barkhor treiben. Ich steige der Stupa auf das Dach, setze mich an einen schönen, sonnigen Platz und lasse die vielen Menschen unter mir vorbei ziehen. Anschließend schlendere ich durch viele Schmuckgeschäfte, davon gibt es hier ja genug. Sie sind aufgereiht wie die Perlen auf einer Schnur. Ich möchte für Bärbel noch einen schönen Anhänger kaufen. Die Auswahl ist so riesig, dass mir die Wahl schwer fällt. Nach erfolgreichem Handeln kann ich *aber letztendlich doch noch ein schönes, ausgefallenes Stück in die Tasche stecken. Silber, mit kleinen Türkisen und Korallensteinen. Ich hoffe, dass ich die richtige Wahl getroffen habe und es auch Bärbel gut gefällt.*

Mit Bernd gehe ich noch in einen Buchladen. Wir wollen Kalender mit Bildern von Tibet kaufen. Jeder von uns möchte gerne fünf Stück. Für die Jungs ist das bestimmt ein schönes Mitbringsel. Die Preisverhandlung zieht sich über eine halbe Stunde hin, wir feilschen erst über den Preis für einen Kalender. Wir handeln den Preis so weit hinunter, dass der Verkäufer uns fast aus dem Laden schmeißt. Dann legen wir schnell noch einen zweiten Kalender dazu und fragen nach dem Preis für zwei. Nach Verhandlungs-Ende legen wir noch einen Dritten hinzu und so geht es weiter, bis zehn Kalender auf dem Tisch liegen. Ich glaube, so etwas erlebt der Verkäufer nicht alle Tage, obwohl er hier einiges gewohnt ist. Auf jeden Fall kann sich der Preis für zehn Kalender zum Schluss sehen lassen.

Mit Dorle, Walter und Bernd gehe ich noch in ein schönes Dachcafe am Barkhor, mit Aussicht auf das bunte Treiben unter uns und wir lassen den wunderschönen Nachmittag mit einem leckeren Cappuccino ausklingen. Um 18 Uhr fahren wir mit dem Bus zurück zum Hotel.

Innerhalb einer halben Stunde habe ich meine Sieben-sachen auf dem Zimmer zusammengepackt und rekord-verdächtig schnell geduscht. Ich war total verschwitzt, denn im Augenblick ist es sehr feucht-warm hier in Kathmandu. Es ist 19.30 Uhr und ich bin bereit für das Abendessen.

Jetzt ist es 22 Uhr und ich liege schon gemütlich in meinem Bett. Bernd hingegen packt immer noch. Ein- und Auspacken ist seine ganz große Stärke.

Heute war ein anstrengender Tag, aber die Ausblicke beim Fliegen und die vier Stunden an der Stupa haben mich entschädigt. Auch morgen werden wir noch einmal einen anstrengenden, langen Tag haben, denn um 8 Uhr wollen wir vom Hotel starten und erst um 22 Uhr zurück sein.

1. Oktober 2006

Heute ist der letzte Tag in Kathmandu. Wir fahren zuerst nach Bhaktapur, der alten Königsstadt, die etwa 15 Kilometer östlich von Kathmandu liegt. Bhaktapur war die Kulisse für Bertoluccis Film "Little Buddha" und ist Welt-kulturerbe der UNESCO. Die Stadt wurde 890 nach Christi gegründet. Der Königspalast wurde vermutlich schon bei der Stadtgründung erbaut, der heutige Palast stammt aus dem Jahre 1427. Der Blickfang des Palastes ist das Goldene Tor (Sun Dhoka). Es zeigt Reittiere und eine sechzehnarmige Göttin (Taleje Bhavani). Der Zutritt des Königshofes ist leider untersagt. Der höchste Tempel des Kathmandu-Tals mit 30 Metern Höhe stammt aus dem 17. Jahrhundert. Das vierstöckige Gebäude besteht aus drei Innenhöfen, die mit beeindruckenden Holzschnitzereien versehen sind. Holzschnitzereien befinden sich hier an fast allen Häusern, Balkonen und Giebeln.

In Bhaktapur leben fast ausschließlich Hindus. Heute ist der größte hinduistische Feiertag des Jahres, das

Neujahrsfest.

Überall werden Tiere, meist Ziegen, auf offener Straße geschlachtet und geopfert. Ihnen wird nach einer langen Prozedur des Abstechens und Ausblutens der Kopf abgeschnitten, und sie werden mit anderen Opfergaben, meist Lebensmittel und Blumen, vor Autos, Motorrädern und Hauseingängen aufgestellt. Mit dem Blut der Tiere werden die Hauswände, Autos und Motorräder dann bespritzt. Man erhofft sich von diesem Ritual Glück, Schutz vor Unfällen, Gesundheit und gute Geschäfte. Überall auf den Straßen sind zum Teil riesige Blutlachen zu finden. Jedem seine Religion, denke ich, aber mit diesen Blutopfern kann ich mich nicht so ganz anfreunden. Ich fühle mich hier nicht wohl, habe das Gefühl, nicht richtig atmen zu können. An manchen Stellen stinken die Müllberge, die ich ebenfalls in der Stadt finde, im wahrsten Sinne des Wortes zum Himmel. Die feuchtwarme Luft tut noch ihr übriges dazu. Ich bin froh, wenn ich hier wieder weg bin.

Wir essen in einem alten, zu einem Restaurant umgebauten Tempel, in der dritten Etage auf einem schmalen Balkon. Das Essen ist sehr gut.

Danach geht es wieder zum Bus und wir fahren zur ältesten Stupa von Kathmandu, Swayambunath (Affenstupa). Wir fahren mit unserem Bus den Berg hinauf und müssen nur noch fünfzig Meter bis zur Stupa aufsteigen. Auf den Stufen, Gebäuden und kleinen Statuen sitzen überall lebendige Affen. Sie tollen und toben dort frei herum.

Die Stupa ist nicht so groß wie Boudhanath, hat aber eine

Tieropfer der Hindus zum Neujahrsfest in Bhaktapur

Das Blut der Tiere soll vor Unheil bewahren

Stupa „Boudhanath in der Abendsonne

Stupa
„Swayambunath"
in Kathmandu

ganz einnehmende Atmosphäre. Die Stupa soll in ihren Grundzügen schon im 5. Jahrhundert entstanden sein. Wie die Boudhanath Stupa besteht sie aus einem Sockel, einer Kuppel, einem quadratischen Aufbau mit den Augen Buddhas, dem dreizehnstufigen Turm und der Krone der Erleuchtung.

Es ist wirklich verrückt, aber hier kann ich auf einmal wieder ganz befreit durchatmen. Ich fühle mich wieder wohl in meiner Haut. Das liegt bestimmt nicht nur an der Sauberkeit hier. Von den buddhistischen Bauwerken geht eine Ruhe und Geborgenheit aus, eine spirituelle Kraft. Bin ich auch schon infiziert?

Diese Stupa soll auf Buddhas Asche erbaut worden sein. Nach der Runde mit dem Reiseleiter und seinen Erklärungen haben wir eine halbe Stunde "Freigang", die zum Fotografieren genutzt werden kann. Ich drehe meine Runde und mache viele, viele Bilder. Von der Terrasse hat man einen gewaltigen Blick auf die 3,5-Millionen-Stadt. Inoffiziell sollen es sogar um die 6 Millionen sein, aber so genau weiß man das bei der täglichen Zuwanderung der sehr, wirklich sehr armen Landbevölkerung nicht. Alle versuchen sie hier ihr Glück zu machen, sich ein Stück vom großen Kuchen abzuschneiden. Nepal zählt zu den ärmsten Ländern der Erde.

Ich gehe in ein kleines Kloster am Barkhor der Stupa. Mönche machen "Hausmusik", monotone Klänge für mein Ohr. An der Stupa sind die, wie überall im Lande zu sehenden, Gebetsfahnen angebracht. Um die Stupa herum befinden sich fünf meditierende Buddhas und viele Gebetsmühlen, die von den Gläubigen im Vorbeigehen im

Uhrzeigersinn gedreht werden. Die Zeit vergeht wie im Fluge.

Ich habe gar nicht auf die Uhr geschaut. Walter ist unterwegs um mich zu suchen. Die anderen sind schon die 365 Stufen an der Ostseite der Stupa hinunter gegangen. Die Stufen an der Ostseite hinauf zu gehen, das wäre eigentlich der richtige Weg zur Stupa gewesen - Stufe für Stufe, Schritt für Schritt sich der Stupa nähern. Unten, am Anfang der Treppe, befinden sich drei sitzende Buddha-Statuen, die den Weg weisen. Schade, dass wir von hinten mit dem Bus hinauf gefahren sind, ich wäre lieber hier die Stufen hinauf gegangen.

Mit dem Bus fahren wir zu dem Gartenlokal, in dem unsere Abschlussfeier stattfinden soll. Wegen einer organisatorischen Panne aber sitzen wir leider drei Stunden im Gartenlokal herum. Alle sind zu sehr kaputt, um in der Altstadt noch eine Runde zu drehen, allen fehlt dazu jegliche Lust. Also bleibe ich auch und sitze und warte.

Unser Abschluss-Essen mit unserem Guide und Sherpa "Lidung" und unserer Küchenmannschaft, die uns während der Tour begleitet hat, ist dann doch noch ein schöner, runder Abschluss der Reise. Das Essen ist das beste, was die tibetische Küche zu bieten hat. Sehr viele köstliche Kleinigkeiten, die ich auf diese Art zubereitet noch nicht gegessen habe. Die Speisen, die uns serviert werden, sind eine Kreuzung aus der nepalischen, chinesischen und indischen Küche.

Nach einer herzlichen und rührenden Verabschiedung geht es dann zurück in unser Hotel. Es war ein langer Tag.

Nach einer herzlichen und rührenden Verabschiedung geht es dann zurück in unser Hotel. Es war ein langer Tag. Wir waren alle dreizehn Stunden auf den Beinen. Ich verstaue noch schnell die letzten Kleinigkeiten in meinem Rucksack und in meine Reisetasche. Um 23 Uhr bin ich endlich in meinem Bett.

2. Oktober 2006

Nun sind wir schon über eine Stunde in der Luft Richtung Doha. Der Flug war eigentlich für 8.15 Uhr angesagt, aber los ging es erst um 8.30 Uhr. Der Abschied am Flughafen in Kathmandu war sehr herzlich. Lidung hat es sich nicht nehmen lassen in aller Frühe zum Flughafen zu kommen. Mit einem Glücksschal, begleitet von lieben, herzlichen Worten, werden wir alle von ihm verabschiedet.

Astrid hat sich noch um das Einchecken unseres Gepäcks gekümmert, dann kam auch die Stunde des Abschiedes von ihr. Eine lange Zeit haben wir gemeinsam verbracht und waren immer zusammen unterwegs. Ich für meinen Teil kann nur sagen "Hut ab". Meine volle Anerkennung für Astrid, ihren Einsatz und die Leitung dieser Tour. Man spürte jeden Tag, jede Stunde ihre Verbundenheit mit Land und Leuten und das lag nicht alleine daran, dass sie perfekt Nepali spricht. Der Himalaya ist ihr ans Herz gewachsen, das kam von ihr auf Schritt und Tritt, mit jeder Handlung, herüber. Vielleicht bietet sich ja noch einmal die Gelegenheit mit Astrid eine Trekkingtour zu machen. Vielleicht zu ihrem Kloster "Mele Gompa", das sie seit einigen Jahren gemeinsam mit dem Verein "Brücken zum Himalaja" betreut.

Blick auf Kathmandu

Ein schöner Abschluss der Reise:
Das Annapurnamassiv mit 8091 m Höhe

Die Maschine ist nicht voll ausgebucht, so kann ich mich auf einen Fensterplatz auf die rechte Seite setzen. Auf fast gleicher Höhe zieht das Anapurna Massiv an meinem Fenster vorbei. Vier Berge sind es eigentlich, die Spitzen von 8091 bis 7905 Meter hoch. Dieser Anblick ist einfach genial und gewaltig. Ich mache ein paar schöne Fotos zur Erinnerung. Dann zieht noch der Manaslu mit 8163 Metern Höhe an mir vorbei. Ein traumhafter Abschied von den Bergriesen des Himalaya. In 2 Stunden etwa müssten wir in Doha landen und werden ungefähr eine Stunde Aufenthalt haben.

Nun sitze ich wieder in einer neuen, anderen Maschine in Richtung Frankfurt. Die letzten zwei bis drei Stunden ziehen sich wie Kaugummi, obwohl ich mir gerade den dritten Film im Bordkino anschaue. Nach sechs Stunden Flug, endlich: Landung auf dem Rhein-Main Flughafen in Frankfurt.

Meine Tasche kommt natürlich wieder einmal als letzte über das Laufband. Die Zeit drängt mich ein wenig, denn ich möchte mit Rita und Hans den Zug um 19.09 Uhr bekommen. Ich hätte dann keine Wartezeit und müsste in Köln nicht umsteigen. Eine endlose Rennerei durch die einzelnen Flughafengebäude des riesigen Flughafens beginnt. Unzählige Rolltreppen rauf und runter bis hin zum Bahnhof. Geschafft! Wir stehen auf dem Bahnsteig und haben sogar noch vier Minuten Zeit, bis der Zug kommt.

Nach einer Stunde und zwanzig Minuten stehe ich in Düsseldorf auf dem Bahnsteig. Ein schönes Wiedersehen mit meiner Bärbel. Ich habe natürlich für sie zur Begrüßung einen Glücksschal bereit. Sie kommt mir strahlend, mit einer Sonnenblume in der Hand, entgegen.

Ich lege ihr als erstes den Glücksschal um, sie gibt mir die Sonnenblume und dann liegen wir uns endlich in den Armen. Tiefe Ergriffenheit.

Zu Hause angekommen, wird die Nacht zum Tag. Es gibt so wahnsinnig viel zu Berichten und zu erzählen. Die vielen Eindrücke und Erlebnisse der Reise werde ich wohl erst viel später verarbeiten. Bärbel liest noch in der Nacht mein Tagebusch und sagt: „das hast du alles so lebendig beschrieben, das Gesehene und deine Gedanken. Wir sollten das mal für unsere Kinder aufschreiben."

Um fünf Uhr morgens ist dann aber Schluss, und wir fallen beide müde, aber sehr zufrieden ins Bett.

Bleibt nur noch zu sagen:

"WER SEINE TRÄUME LEBT, LEBT"

Erklärungen zum Buch:

Annapurna-Massiv: *8091 m Höhe, Himalaya Hauptkamm*

Barkhor: *Eine ringförmige Marktstraße um den Jokhang Tempel*

Bodhisattva: *Erleuchtungswesen*

Hermann Buhl: *Österreichischer Alpinist (1924-1957)*

Buttertee: *Hauptgetränk der Tibeter. Enthält viele Proteine und hilft die Körpertemperatur bei den extremen klimatischen Bedingungen in Tibet aufrecht zu erhalten.*

Chörten: *Ein tibetischer Kultbau des tibetischen Buddhismus. Der weiß getünchte Hauptkörper hat die Form einer umgestülpten Glocke und erhebt sich auf einem hohen vielfach abgestuften Unterbau.*

Dalai Lama: *Titel der höchsten weltlichen Autorität und einer der bedeutendsten religiösen Titel des buddhistischen Tibet. Der gegenwärtige 14. Dalai Lama ist der Mönch Tenzin Gyatso.*

Dölma La: *Heilige Stelle, höchster Punkt bei der Kailash Umrundung, mit einer Höhe von 5663 m. Hier soll der Sage nach die Göttin Dölma verschwunden sein .*

Erklärungen zum Buch:

Dzo: Kreuzung zwischen Yak und Tiefland-rind

Everest: Mount Everest, höchster Berg der Erde mit 8850m

Gebetsfahnen: Tragen die Farben rot, gelb, weiß, blau und grün und sollen die Gebete (Om mani padme hum) in die Welt hinaus tragen.

Gebetsmühlen: Auch Mani-Mühle genannt ist ein Rad oder eine Walze, die Gebete oder Mantras enthält, oder außen mit solchen verziert ist. Im tib. Buddhismus werden Gebetsmühlen gedreht, um körperliche Aktivität und geistig-spirituelle Inhalte miteinander zu verknüpfen.

Gelbmützen: Anhänger der tibetische Gelung Schule

Gurla Mandatha: Berg von 7728 m Höhe. Zentrum der Erde und der irdischen Wiederschein des allumfassenden Kosmos.

Guide: Reisebegleiter

Gzi-Steine: Geheimnisvolle Steine der Tibeter. Gelten als mysteriös und magisch, Schutzwirkung gegen Magie, Unglück und Krankheit.

Erklärungen zum Buch:

Heinrich Harrer: Österreichischer Bergsteiger (1912—2006), befreundet mit dem 14. Dalai Lama

Jokhang: Buddhischer Tempel inmitten der Altstadt von Lhasa. Für Tibeter wichtigster Tempel, zu dem man nach Möglichkeit mindestens einmal im Leben gepilgert sein sollte.

Kailash: Heiligster Berg. Religiöse Bedeutung: Durch die Besondere Form und Lage zählt er für die Religionen Buddhismus, Hinduismus, Jainismus, Bön zu den bedeutendsten spirituellen Orten.

Kora: Eine Umrundung des Berges (Tib. Kora oder Sanskrit: Parikrama) auf einem ca. 53 km langen Weg, der bis in eine Höhe von ca. 5700 Meter über den Dölma La (Tib. für Grüne Tara) führt, ist die wichtigste Pilgerreisen für Anhänger dieser Religionen. Die Richtung der Umrundung erfolgt dabei in Abhängigkeit von der Religionszugehörigkeit des Pilgers. Buddhisten, Hinduismus und Jainismus im Uhrzeigersinn, Anhänger des Bön gegen den Uhrzeigersinn. Der tibetische Kalender sieht zudem vor, dass in bestimmten Zeiträumen Umrundungen einen anderen Stellenwert haben, so zählt bspw. im Jahr des Pferdes jede Runde sechsfach.

Erklärungen zum Buch:

Lichtgarden: Lichtkuppel, die über dem Altarraum das Licht einfallen lässt.

Lotse: Berg im Himalaya mit einer Höhe von 8501 m.

Manaslu: Berg mit einer Höhe von 8163 m.

Mantras: Sind Silben, Worte oder kurze Sätze, die neben ihrer Bedeutung eine besondere innewohnende Kraft besitzen.

Nanga Parbat: Nanga Parbat (Nackter Berg) auch als Diamir (König der Berge) bekannt, ist mit seinen 8125 m Höhe der neunthöchste Gipfel der Erde.

Pagode: Ist ein markantes, mehrgeschossiges, turmartiges Bauwerk, dessen einzelne Geschosse meist durch vorragende Gesimse oder Dachvorsprünge voneinander abgetrennt sind.

Panchen Lama: Eigentlich Panchen Rinpoche, ist ein einflussreicher, spiritueller Lehrer des Gelugpa-Ordens und damit eine hohe Autorität im tib. Buddhismus. Er spielt eine Rolle bei der Anerkennung der Reinkarnation des Dalai Lama.

Permafrost: Dauerfrost. Ist ab einer gewissen Tiefe das ganze Jahr hindurch gefroren.

Erklärungen zum Buch:

Riksha: Ist ein dreirädriges Fahrrad mit einem Fahrer, hinter dem zwei Personen sitzen (Taxi).

Taschi Dele: Ist ein tibetischer freundlicher Gruß..

Torwächter: Statue oder Figur, der die Eingänge bewacht.

Yak: Hochlandrind